中级汉语阅读教材

陈贤纯 编著

这样阅读 | 1
Read This Way

北京语言大学出版社
BEIJING LANGUAGE AND CULTURE
UNIVERSITY PRESS

(京)新登字 157 号

图书在版编目(CIP)数据

这样阅读·1/陈贤纯编著.—北京:北京语言大学出版社,2006.10
ISBN 978-7-5619-1752-7

Ⅰ.这… Ⅱ.陈… Ⅲ.汉语-阅读教学-对外汉语教学-教材 Ⅳ.H195.4

中国版本图书馆 CIP 数据核字(2006)第 125080 号

书　　名:	这样阅读·1
责任印制:	汪学发

出版发行: **北京语言大学出版社**

社　　址:	北京市海淀区学院路 15 号　邮政编码: 100083
网　　址:	www.blcup.com
电　　话:	发行部 82303650/3591/3651
	编辑部 82303647
	读者服务部 82303653/3908
印　　刷:	北京新丰印刷厂
经　　销:	全国新华书店
版　　次:	2007 年 4 月第 1 版　2007 年 4 月第 1 次印刷
开　　本:	787 毫米×1092 毫米　1/16　印张: 13.5
字　　数:	230 千字　印数: 1—3000 册
书　　号:	ISBN 978-7-5619-1752-7/H·06202
定　　价:	39.00 元

凡有印装质量问题,本社负责调换。电话: 82303590

目 录

致任课教师/1

第1单元　汉字的故事/1
　　一、细读　中国人为什么使用汉字/2
　　二、通读　（一）汉字难不难/8
　　　　　　　（二）怎样记住中文的词/15
　　三、略读/25
　　四、查阅　常见偏旁表/31
　　五、字词句练习/41
　　六、难句理解/49

第2单元　成长的故事/55
　　一、细读　孩子需要什么/56
　　二、通读　（一）我的十五岁生日/63
　　　　　　　（二）成长的烦恼/70
　　三、中国文化点滴/78
　　四、略读/79
　　五、查阅　（一）北京市常用电话/84
　　　　　　　（二）北京市地图/87
　　六、字词句练习/88
　　七、难句理解/97

第3单元　亲情的故事/101
　　一、细读　妈妈回来了/102
　　二、通读　（一）大哥/109
　　　　　　　（二）陪父亲过年/119
　　三、中国文化点滴/127
　　四、略读/128
　　五、查阅　（一）王府井主要商店示意图/133
　　　　　　　（二）街道示意图/135
　　　　　　　（三）街道示意图/137
　　六、字词句练习/139
　　七、难句理解/146

目　录

第4单元　姓名的故事/151

　　一、细读　中国人的姓/152

　　二、通读　（一）中国人的名字/160

　　　　　　（二）同名同姓的烦恼/169

　　三、略读/177

　　四、查阅　（一）北京市博物馆/181

　　　　　　（二）北京市长途汽车路线示意图/186

　　五、字词句练习/187

　　六、难句理解/195

致任课教师

这是一套汉语作为第二语言教学的中级阶段阅读教材，适用于已经学完现代汉语基本语法，并且掌握大约 2000 个常用词的学生。

本教材共有 6 册，28 个单元。如果每周 4 节阅读课，每学期 20 周，按编者设计的进度，全套教材可供两个学期使用。

一、编写本教材的指导思想

人们通常认为，阅读总是一个字一个字、一行一行地往下看。其实不然，只要留意一下我们自己第一语言的阅读行为，就会发现，在不同的场合，根据不同的需要，阅读的方法是不一样的。

假如你正在研究中国青年的思想变化，想收集这方面的资料，你绝不会不管手头的材料对你有没有用都仔细阅读。总是先拿过来翻一翻，看上两眼，判断这篇文章谈的是不是你所关心的问题，然后才决定要不要仔细阅读。这种快速的浏览，我们称之为"略读"。

假如你正在写论文，缺少某一个数据，你就会去图书馆查资料。你打开一本又一本杂志，但你并不用将这些杂志从头看到尾。你的眼睛只搜索要找的东西，只在某些数字周围停留，其他部分甚至连看也不看。这样的方法我们称之为"查阅"。

假如你在休息的时候看小说，只想了解故事情节，并不想去研究或发表评论，那么你就会很快地但是一行一行地看下去。这种不太仔细的快速阅读，我们称之为"通读"。

假如你要评论某一本书或某一篇文章,你就会仔仔细细地阅读,有时还会回过头去重读某些句子或段落,一边阅读一边还要考虑自己的意见。这种阅读方法我们称之为"细读"。

总之,生活中的阅读行为并不是一成不变的模式。因此我们第二语言的阅读教学也应该根据实际生活的需要,对这几种方法分别进行训练,加快第二语言在学生头脑里的反应,更有效地提高其阅读能力。

略读、查阅、通读都是快速阅读。快速阅读是最常用的阅读方法,但并不是人人都会。尤其是第二语言阅读,很多人到了高年级仍然只能逐字逐句地慢慢读,遇到一个生词就要停下来查词典,不查词典就读不下去。这样的阅读没有实用价值。

现代的阅读理论认为,阅读不是一种消极的领会,而是一种积极的思维活动。阅读者在阅读过程中积极主动地去寻找理解的线索,根据这些线索,读者在自己的头脑中构建出意义。再根据所构建出来的意义,去所读材料中寻找新的理解线索。所以这种线索只需要所读材料中的一部分内容就行了。读者根据这些语言提示,一边推断、预测,一边验证、修改,以最少的精力、最短的时间,在自己的头脑中重建作者所传递的信息。阅读理解的过程,就是这种自下而上和自上而下反复交替的过程,理解的基础是读者头脑中已有的知识,这就是阅读理解的心理过程。

任何文章,不论它写得多么精练,都有相当多的多余信息,这就是语言的冗余性。语言的冗余性是快速阅读可能实现的依据。提高阅读速度,包括两个方面的训练。

第一,视线不以字、词为单位停留,眼睛只在每一行里寻找关键线索,有的地方读,有的地方不读。关联词、修饰成分、副词、助词、语气词、叹词等通常都是不重要的,一般情况下关键成分是主语、谓语、宾语。如下面这一段文字:

多数业余学习的学生白天都得工作,像我们这样的中年人,已经结了婚,还得做很多家务。在这种情况下坚持学习几年真不容易。第一年我学习文学理论的时候,我的妻子正好生孩子,我就非常忙。在中午一个半小时休息的时候,我也得赶紧回家,给我妻子做饭，给儿子热牛奶。晚上 10 点，我从夜大学习回来以后，得做完一大堆家务才能上床睡觉，真累。

这段话总共 141 个字。如果只看关键成分，就成了这样：

……业余学习……白天……工作……中年人……结了婚……多家务……学习……不容易……第一年……妻子……生孩子……我……忙……中午……回家……做饭……热牛奶……晚 10 点……回来……做完……家务……睡觉……累

只有 53 个字，虽然不成文，但主要信息都掌握了。有了这些词语，读者就可以在自己的头脑里重新构建出作者所传递的完整信息。也就是说，读者可以只读文章中的一部分内容，其余部分能够根据自己的知识加以补充，构建出完整的意义。这是通读时的情形。略读时跳读的幅度就更大，是通过几个词猜测文章的主要内容。

第二，缩短视线在每一个停留点上停留的时间。这实际上是训练对汉字的反应速度。一个字或一个词，看见过两次与看见过 100 次，反应速度是大不相同的。前者必须想一想才能想起来，这想一想的过程，实际上是一个回忆、翻译、解释的过程。后者不需要翻译和解释，立刻就能反应过来。第一语言阅读之所以能读得快、理解得好，就是因为文章中的这些字、词、句型已经成百上千次地看到过。所以，不管第一语言还是第二语言，阅读的熟练程度取决于阅读数量的积累，读得越多就越熟练。只有读得多才能读得快，只有读得快才能读得更多。阅读数量和阅读速度之间就是这种互相促进的良性循环。

当然这并不是说我们的阅读课一开始就要对学生提出多么高的要求。事实上一个刚刚学完基础汉语的学生，只能逐字逐句慢慢地读，这是起点。我们要达到的目标是熟练地跳读，并且尽可能缩短视线每一次停留的时间。应该说从起点到目标之间有很长的距离，不是短时间内可以达到的，也不可能只靠一两本教材解决。本教材仅仅是快速阅读入门课本，旨在帮助学生迈出成功的第一步。

曾经有老师认为，刚学完基础汉语的学生阅读水平太低，练习快速阅读很困难，快速阅读应该在学生阅读水平比较高以后再训练。他们说，还没有学会走，怎么就练习跑了呢？

除了日本和韩国学生以外，其他国家的学生对汉字一般都有一些畏惧情绪。其实汉字并没有那么难，关键是他们接触汉字的机会太少。所以阅读课的任务应该是让他们多接触汉字，降低阅读材料的难度，加大阅读量。只有读得快才能读得多。如果只抱着一本书慢慢地读，他们的阅读能力很难快速提高。只有通过不断地实践，才能培养出学生根据阅读材料中的一部分内容快速地构建出意义的能力。即使有些地方并没有读懂，也有可能构建出一部分意义甚至整体意思，不要以为自己什么都不懂，而轻易采取放弃的策略。

根据阅读材料中的一部分内容，快速地构建出意义的能力，无论是在实际交际中，还是参加 HSK 汉语水平考试都是非常有用的。这种能力是在大量阅读的实践中逐渐积累的，需要较长时间的训练。事实上，学生们即使到了四年级，拿一篇报刊上的文章来，他们仍然有很多不懂的地方。如果等他们都能读懂了，再来进行快速阅读训练，那就太晚了，没有机会了。我们这些年的快速阅读训练实践证明，在学生掌握基础汉语后就进行快速阅读训练是非常必要的，效果也很好。

如果仔细观察学走路的孩子们，你就会发现，他们在学走路的同时也在练习跑。学会了走路，同时也学会了跑，这个动作没有人分两个步骤学。

二、中级阶段阅读训练的任务

人类的交际活动需要两种最基本的能力，一是传递信息，二是接收信息。交际的听、说、读、写四大技能中，说和写是传递信息，听和读是接收信息。传递信息需要表达能力，接收信息需要理解能力。显而易见，阅读课的任务是提高学生对书面语言的理解能力。

影响阅读理解的因素很多，如词汇、语法、文化背景、专业知识等。我们认为在这个阶段，阅读理解的最大障碍是词汇。据估计，汉语通常使用的词汇多达四五万个，这是指受过中等以上教育的汉族成年人懂得的词汇总数。我们的学生现在只掌握2000个词，这个起点太低。所以中级阅读训练的首要任务是帮助学生积累词汇。积累词汇的正确方法不是死背生词表，而是多读。要让学生有尽可能多的机会阅读各种材料，使汉语中最常用的三五千个词在不同的上下文中反复出现，掌握这些词是这个阶段的首要任务。

除了词汇问题以外，要使阅读成为一种真正实用的交际手段，还应该培养两个方面的能力。第一是培养阅读速度，学会快速阅读；第二是学会整体理解。如果是故事性的文章，要掌握时间、地点、人物、事件的起因、发展及结局。如果是论说性的文章，要掌握标题、论点、论据（事实与数据）、结论，并能归纳出中心思想。

积累词汇是手段，整体理解才是阅读的目的，不能忘记阅读本身的目的。所以我们反对把精力放在钻研词汇上，细讲词的各个义项、各种用法以及近义词之间的区别等。词汇靠语言环境中的反复重现来积累并且加深理解，不是靠讲解和背诵。

阅读课的任务不是培养学生的表达能力，不应该要求学生熟练运用学过的生词和语法结构，不要在阅读课上作提高语言运用能力的训练，如造句、复述等。学生们按我们的要求读懂了就算达到了目的。本教材的练习主要是理解性练习和提高阅读技巧的练习。当然，有时候为了了解学生理解的程度，用口头问答的方式进行检查是必要的，但这样做的目的仍然是为了检查是否读懂，所以我们主张对学生在回答问题时语言组织得好不好，有没有语法错误等不必太严格，应该把时间用在阅读上。

三、怎样使用本教材

本教材采用单元循环法，共有28个单元，每个单元都有细读、通读、略读、查阅、字词句练习以及难句理解等部分。不仅课文是阅读材料，各种练习也应该看做是阅读材料。

1. 细读

通常每单元一开始就是细读。这是因为细读有比较充裕的时间记生词，为下面的通读和略读作准备。

细读基本上是一个字一个字、一行一行地阅读，要求整体到细节都读懂。可以回头重读，也可以看生词翻译。一般来说时间上不作严格限制。

细读课文建议课堂教学步骤如下：

（1）先让学生默读，读的时候可以看生词表。不懂可以问，老师给予讲解，但只讲词句在本课具体上下文中的意思，不进行扩展，懂了就行。

（2）读完全文以后，学生做课文后的练习。

（3）做完练习以后，教师公布正确答案。如果某一题错的学生较多，就加以分析。

（4）老师如果觉得某些部分学生可能不懂，可用问答的方法检查。

（5）可由教师朗读课文或者放录音，让学生一边读一边听。因为汉语的书面语呈现的只是一个个字，词与词之间没有间隔，阅读的时候不容易分出来；而听可以听出语言的节奏和意群，这对进一步理解课文，培养语言的节奏感大有好处。另外当视觉渠道的信息通过听觉渠道再一次重现时，印象就会更深，无论词汇还是语法都更容易记住。有些老师主张让学生朗读课文，我们认为这个方法不太好。因为学生很可能念不出正确的节奏，发音也可能不正确，而老师又不能处处都加以纠正，这样对听的学生不利。当然这是阅读课，听只能适可而止，或者放在课后让学生自己去听。

细读课文每单元一篇，课堂教学时间一般为 50 分钟。

2. 通读

通读是阅读的最主要、最常用的方法。我们的通读训练的目标是要避免一个字一个字地读（但可以一行一行地读）。这一要求对刚刚学完基础汉语的学生来说很难做到，因为他们对汉字的反应速度很慢，所以开始的时候仅仅能做到缩短视线停留在每一个字上的时间。

通读一定要限时。本教材对通读速度有明确的要求。

1~7 单元：120 字/分

8~14 单元：180 字/分

15~28 单元：240 字/分

读课文前可以看生词表，但阅读时不要看生词表，不要查词典，不懂的地方应该跳过去接着读，要在规定的时间内把课文读完，并且掌握整体意思，在整体理解之后再回过头来解决难点。

通读课文建议课堂教学步骤如下：

（1）用几分钟时间，看一下儿生词。

（2）开始计时阅读课文。

（3）读完课文后做练习。

（4）教师公布正确答案，但是先不作分析。

（5）再一次阅读课文，仍按原速度要求。

（6）教师答疑，解决难点，对练习中错得较多的地方略作分析。

通读课文每单元两篇，课堂教学时间一般为 60 分钟。

3. 中国文化点滴

有的单元有"中国文化点滴"，这是把细读和通读课文中文化理解上的难点提出来，专门做练习，并加以说明。课堂上所占的时间很少，一般只要几分钟就够了。

4. 略读

略读，就是训练用已有的知识，从文章中找出理解的线索，快速构建出文章的整体意义。所以略读只要求看懂大概意思，不是一行一行地读，是所谓"一目十行"，要从几个词中猜测文章的主要信息。因为速度太快，当然会影响理解，所以一般来说略读并不要求掌握细节，只要看懂文章的中心思想就行了。练习做完了，这篇课文就算学完。课文中肯定有不懂的字、词、语法，但是都不在课堂上讲，所以略读课文一般没有生词表。

这种方法一开始困难比较大，学生不容易接受。多数学生觉得既然还有些字、词、句不懂就不能算学完，尽管课文的主要意思看懂了，练习也做对了，有的同学还说不懂。所以在使用本教材以前要耐心向学生说明这一点。教学过程中也必须耐心。如果第一遍没有看懂，不要着急，可以再读一遍，但是每一遍都要坚持规定的速度。

指导学生掌握略读方法是很重要的。略读不能每字每句都读，一定要学会跳读。一般来说，如果是一篇短文，可以读每一段的前几句和全文的最后几句。如果是较长的文章，那么一般是读第一段和最后一段，中间的段落再看一眼，要从学生已经掌握的几个词里寻找出文章的主要信息。

根据我们这几年的经验，三四个单元以后，情况就会逐渐改变，多数学生都能学会这种方法。

略读部分有三个练习。三个练习的难度不同，限定的阅读时间也不同。

第一个练习只要求了解文章大概的整体内容、是关于哪个方面的，对于快的学生来说只要几秒钟就行了。所以课堂上最多给十几秒钟阅读时间。做完第一个练习后，同一篇文章再一次阅读，然后开始做第二个练习。

第二个练习比较难一点儿，要求了解文章的中心思想。阅读时间可以比第一次阅读多一倍。

第三个练习最难，要求了解一些细节。可能多数学生做第三个练习时错得比较多，这是正常的，随着阅读机会的增多，正确率也会不断提高。第三次略读的速度是：

1～7 单元：200 字/分

8～14 单元：500 字/分

15～28 单元：800 字/分

所以略读部分每一篇课文要读三次。第一次读非常快，然后做第一个练习。第二次读时间稍微多一点儿，然后做第二个练习。读第三次后，做第三个练习。

略读课文每单元三篇，课堂教学时间为 20 分钟。

5. 查阅

查阅是带着目标在大量文字中寻找所需要的信息，这可以分为非散文体查阅与散文体查阅两类。非散文体阅读大量存在于生活中，那些不成文的文字，如广告、时刻表、电话号码、地图、商店招牌、交通标志、公共汽车站牌等，快速看懂这些文字是生活的需要。散文体查阅是指在各种文章中找资料，如查时间、地点、某一个观点、某一句引文、某事件涉及的人员以及数据等。这是作研究、写文章必须具备的能力。

查阅时，眼睛只作大范围的扫视。除了要找的信息，对其他部分不加关心。只要查到了，查对了，就算达到了目的。课文不再细看，不懂的词句也不讲解，练习做完了，这一部分就算学完。

查阅的课堂教学步骤建议如下：

（1）先看练习第一项，明确需要查找什么。

（2）翻到查阅课文，开始寻找。

（3）查到以后，把答案写在练习中。

（4）接着查第二项、第三项……

（5）做完全部练习以后，教师公布正确答案，做错的同学可以再查一下儿，弄明白为什么错了。

查阅的课文课堂教学时间为 20 分钟。如果做不完，可以适当减少练习数量。

6. 字词句练习

这一部分是综合细读课文和两篇通读课文，做一些归纳性的练习，以增加汉语字词句方面的知识。阅读课的字词句练习是理解性练习。练习中的字词句尽可能都选自细读和通读课文。

前几个单元有一个划分意群的练习。因为汉语的书面语呈现的是一个个汉字，一眼看过去不知道哪些是词，也不知道有多少词，更看不出语言的节奏。这就给中文阅读带来了困难，尤其是初学者，生词多，阅读不熟练，一个句子读起来往往不得要领。为了加强阅读的节奏训练，我们编写了划分意群的练习。我们认为叫学生划分词不是很必要。划分词是语法分析的方法，对于阅读理解，这个方法太琐碎。阅读理解中起重要作用的是意群。如果朗读，词与词之间不一定能停顿，意群之间是可以稍有停顿的。如：

他买到一本好书。

如果用划分词的办法，"买"和"到"，"好"和"书"应该分开来，但实际上在理解的时候"买到"，"好书"是连在一起的，朗读的时候决不能在"买"和"到"之间停顿。所以无论听还是读，都以意群为单位。

当然，意群的划分可大可小，没有绝对的正确标准，如上述例句，下列四种划分都对：

（1）他/买到/一本/好书。

（2）他/买到一本好书。

（3）他/买到/一本好书。

（4）他买到/一本好书。

任课教师应掌握两个原则

1. 可以推荐最佳划分，或者推荐较好划分。如上述四种划分中推荐（1）为最佳，或者推荐（1）、（3）为较好。

2. 指出错误划分，如"他买/到/一本/好/书""他买/到一/本好书"等。所以这个练习的评判标准与其他练习不同，正确答案不是唯一的，错误答案也不是唯一的，总之只要不错就行。

当学生已经能比较熟练地阅读时，划分意群的练习就不必再做。

字词句练习，课堂教学时间为30分钟。

7. 难句理解

这个练习在每一单元中都是独立的，与其他部分无关。编写这一部分的目的是为了加强句子结构方面的训练。因为在基础汉语阶段只教过一些基本句型，但语言中的句子结构远不止这些。基本句型的变通和异化使语言的结构千姿百态，应该说基本句型教完以后句型教学并没结束，而是应该进入更深入的阶段。本教材的难句理解就是深入句型教学的一种尝试。我们把难句分为两类，一类是长难句，如长主语、长谓语、长定语、长补语的句子，还有由多个分句构成的长复句等。长句词多、层次多、语义关系复杂，是阅读的难点。另一类是短难句，短难句之所以难，并不是因为它们罕见，相反本教材中的短难句都很常见。这一类难句是由于紧缩、省略或反问等原因，使语义关系异乎寻常，超出了基本句型的范围，或者说在基本句型阶段没有学过，造成理解上的困难。短难句多见于口语，而长难句多见于书面语。本教材的难句理解，第一、二、三册是短难句，第四、五、六册是长难句。

为什么把难句练习独立出来，而不把它们编到课文里去？这是因为与基础汉语阶段不同，这个阶段的课文需要真实的语言材料，内容比以前复杂得多，把这么多难句编进课文里去是不可能的。

难句理解的教学步骤是：

(1) 学生做练习。

(2) 老师公布正确答案。

(3) 老师答疑，对错得多的题略加分析。对于长难句，老师还应该对阅读方法作一些指导。

难句理解部分，课堂教学时间为20分钟。

四、关于课外作业

本教材的课外作业有两个部分。

1. 复习

复习的方法是再一次阅读学过的课文。比如，用细读的方法再一次阅读通读课文和略读课文，或者听课文的录音。

2. 阅读课外读物

提高阅读能力的唯一办法是大量阅读。本教材提供的阅读材料太有限，仅仅依靠课堂上的时间，即使每节课的 50 分钟都用来阅读也远远不够，因此必须把阅读行为延伸到课外。阅读课老师应该指导学生课外阅读，推荐读物并定期检查、答疑。

五、与本教材相关的资料

本教材的细读和通读课文配有录音。

本教材另有教师手册，提供各项练习的答案。

陈贤纯

第 1 单元

汉字的故事

一、细读

中国人为什么使用汉字

学习中文的学生一定想知道，为什么中国人使用汉字而不使用拼音文字呢？这要说到历史。不管哪一种文字，最早都是从图画开始的。人类虽然很早就有了语言，但在8000年以前还没有文字。由于口头语言受时间和空间的限制，人们就产生了把自己的话记录下来的想法。比较准确并且比较容易的办法当然是画画儿。人们身边的各种东西首先被画下来，比如：

犬(狗)　　　鸟　　　人　　　山

不仅中国是这样，别的地方也是这样，如古埃及（Āijí Egypt）的图形字：

鹰　　公牛　　兔　　男人　　山

克雷特（Kèléitè）图形字：

人　　目　　斧　　公牛　　山

当然不可能人人都会画这样的画儿，因为画画儿需要才能。即使会画，画起来也很慢、很麻烦。所以后来这些画儿逐渐被简化，变成了单线条的，并且越来越不像图画，最后变成了一种符号，这就是象形字。如古代汉字甲骨文：

| 日 | 犬 | 马 | 鱼 | 人 |

象形文字产生于6000年前，而拼音文字则晚得多。因为创造拼音文字必须具有把语音分解为辅音和元音的能力。这显然比画图画困难得多。所以3000年前才有拼音文字出现。为什么很多民族的象形文字会向拼音文字发展呢？

因为这些民族语言中的词有语法变化，象形文字不能表示这种变化。为了方便易懂，我们拿现代英语来举例子，比如动词 eat（吃），还有 eats, eating, ate, eaten 四种形式，象形文字无法表示这样的变化。所以人们感到不方便，就去寻找新的办法。

最初人们用一些象形文字来代表辅音符号。如古埃及的字：

形式	〰	◯	▮	🐦	⌒
意义	水	口	脚	小鸡	篮子
所代表的辅音	n	r	b	w	k

为什么〰表示 n 的发音呢？因为它在古埃及的字里代表水，而"水"的发音是以 n 开头的。其他辅音符号也是如此。这时候的文字看起来还是象形文字，但实际上它们已经没有象形的意义，只代表发音了。后来又用一些象形文字表示元音符号。这样，经过很多年不断地简化，就变成了现代的拼音文字。

汉语为什么没有变成拼音文字？

最根本的原因是汉语的词没有语法变化。比如"吃"，不管主语是"你""我""他"，还是"你们""我们""他们"；也不管时间是过去现在还是将来，"吃"还是"吃"，没有语法变化，动作的时间和状态是靠另外加词来表示的，如"吃着"或"正在吃"，"吃过""吃完"或"吃了"。

表意文字对汉语来说，很方便、很合适。既然这样，就不用再去寻找别的方法了，所以汉字与其他文字走了不同的发展道路。中国人直到今天还在使用汉字。

生词

拼音文字		pīnyīn wénzì	alphabetic (system of) writing, phonetic writing
图画	n.	túhuà	drawing, picture, painting
空间	n.	kōngjiān	space, room
限制	v.	xiànzhì	to restrict, to limit
准确	adj.	zhǔnquè	accurate, exact, precise
才能	n.	cáinéng	talent, ability
逐渐	adv.	zhújiàn	gradually
简化	v.	jiǎnhuà	to simplify
单	adj.	dān	one, single
线条	n.	xiàntiáo	line, figure, outline
符号	n.	fúhào	symbol, mark, sign, note
象形字	n.	xiàngxíngzì	pictographic character
甲骨文	n.	jiǎgǔwén	inscriptions on bones or tortoise shells of the Shang Dynasty (16th~11th century B.C.)
必须	adv.	bìxū	must, have to; necessarily
创造	v.	chuàngzào	to create
语音	n.	yǔyīn	speech sound, pronunciation
分解	v./n.	fēnjiě	to separate into parts, to resolve; disintegration
为	v.	wéi	to serve as, to act as
辅音	n.	fǔyīn	consonant
元音	n.	yuányīn	vowel
表示	v.	biǎoshì	to show, to express
例子	n.	lìzi	example, case, instance
形式	n.	xíngshì	form
最初	n.	zuìchū	the earliest, initial, first
发音	n.	fāyīn	pronunciation
以	prep.	yǐ	with, by

开头	v.	kāitóu	to begin, to start
如此	pron.	rúcǐ	so, such, in this way, like that
实际上	adv.	shíjìshang	in fact, in reality
根本	adj./adv.	gēnběn	basic; fundamentally
主语	n.	zhǔyǔ	subject
状态	n.	zhuàngtài	status, state
靠	v.	kào	to depend on, to rely on
既然	conj.	jìrán	since, now that
表意文字		biǎoyì wénzì	ideograph, ideogram
合适	adj.	héshì	suitable, appropriate

一 根据课文判断下列理解是否正确，如果正确就画"√"，如果错误就画"×"。
Decide whether the following statements are true (√) or false (×) according to the text.

1. 人类的文字最早都是从图画开始的。☐

2. 古代的人因为口头语言远处的人听不见，并且说过了就没有了，以后的人听不见，所以就想把自己的话记录下来。☐

3. 古代的人用画画儿的方法来记录语言，最先被画下来的是各种动物。☐

4. 只有中国的古人会画这种画儿，所以现在中国还在使用汉字。☐

5. 因为画画儿太慢太麻烦，所以后来图画逐渐被简化成象形文字。☐

6. 创造拼音文字比较困难，所以拼音文字出现晚得多。☐

7. 拼音文字能够表示词的语法变化，表意文字不能表示词的语法变化，所以后来很多民族的文字向拼音文字发展。☐

8. 最初是用象形字来代表元音，后来又用象形字来代表辅音。☐

9. 汉语的动词也有时间和状态的变化。☐

10. 表意文字对汉语很合适，所以中国人至今还在使用汉字。☐

第1单元 汉字的故事 5

二 指出下列变色字是什么意思。
Choose the best definitions for the following words in color.

1. 这要说到历史。
   - ☐ A. 重要，主要
   - ☐ B. 应该
   - ☐ C. 将来

2. 由于口头语言受时间和空间的限制，……
   - ☐ A. 口
   - ☐ B. 头
   - ☐ C. 用说话的方式表达的

三 指出下列词组或句子是什么意思。
Choose the best definitions for the following phrases and sentences.

1. 不管哪一种文字，最早都是从图画开始的。
   - ☐ A. 每一种文字最早都是从图画开始的。
   - ☐ B. 不知道哪一种文字最早是从图画开始的。
   - ☐ C. 哪一种文字最早是从图画开始的，都没关系。

2. 不管时间是过去现在还是将来……
   - ☐ A. 不知道时间是过去现在还是将来……
   - ☐ B. 时间是过去现在还是将来都没有关系……
   - ☐ C. 时间是过去现在还是将来都一样……

四 重点词语举例。
More examples for the key words.

1. 限制

    课文中：口头语言受时间和空间的限制。

    更多的：现在，上大学没有年龄限制。
    乘飞机时，行李的重量有限制。
    大会限制每一个人的发言时间。

2. 准确

    课文中：比较准确并且比较容易的办法当然是画画儿。

    更多的：他回答得很准确。
    我知道是明天，但是不知道准确的时间。
    他的发音很准确。
    他的解释不够准确。

3. 逐渐

    课文中：后来这些画儿逐渐被简化，变成了单线条的。

    更多的：春天到了，天气逐渐变暖。
    时间长了，人们逐渐把这件事忘了。
    八点以后，街上的人逐渐多了起来。

4. 创造

    课文中：因为创造拼音文字必须具有把语音分解为辅音和元音的能力。

    更多的：我们创造了一种新的方法。
    6000年前，古人创造了文字。
    他为我们创造了一个很好的机会。

5. 以

    课文中："水"的发音是以 n 开头的。

    更多的：他以一个人的力量完成了这么难的工作。

汽车以每小时100公里的速度前进。

最后他以5000元的价钱买下了这台电脑。

6. 根本

课文中：最根本的原因是汉语的词没有语法变化。

更多的：最根本的问题还没有解决。

这件事我根本不知道。

他根本不懂法文。

这儿根本没有这个人。

二、通读

（一）汉字难不难

字数：1200　　阅读时间：10分钟

有很多同学说，汉字比拼音文字难。其实这话说得不对，如果他们知道汉字是怎么造出来的，知道汉字的规律，就不会这样说了。

古代的中国人造字主要有以下几种方法：

1. 象形　这是从图画发展来的。如：

☉（日）　　🌙（月）　　Ψ（牛）

（羊）　　（鸟）　　（虫）

2. 指事　用象征的办法表示比较抽象的意思。如：

（上）　一在⌒的上边，为"上"。

（下）　一在⌒的下边，为"下"。

⊙（旦）　一表示地，太阳离开地面升起来，表示早晨。

　　立（立）　一表示地，人在地上，表示立。

　　天（天）　一在人的头上，表示天。

　　果（果）　木是树木，树上有〇，十表示所指之物，为"果"字。

3. **会意**　把几个象形的字合起来表示一个新的意思。如：

　　炎（炎）　两个火，表示火很大。

　　森（森）　三个木，表示树木很多。

　　休（休）　人在树下，表示休息。

　　看（看）　手在目上，表示看。

　　寒（寒）　∩表示屋子，仌是冰，茻表示人在很多草里，所以这个字的意思是冷。

4. **形声**　由代表意义的形旁和代表发音的声旁合成。如：

　　河（hé river）　　"氵"是形旁，表示跟水有关。"可"是声旁，表示发音。

　　骂（mà abuse）　　"口"是形旁，表示跟嘴有关。"马"是声旁，表示发音。

　　芳（fāng fragrant）　"艹"是形旁，表示跟草有关。"方"是声旁，表示发音。

　　铜（tóng copper）　"钅"是形旁，表示跟金属有关。"同"是声旁，表示发音。

　　棍（gùn stick）　　"木"是形旁，表示跟树木有关。"昆"是声旁，表示发音。

　　烤（kǎo bake）　　"火"是形旁，表示跟火有关。"考"是声旁，表示发音。

最早的时候主要是前三种方法，这些字的样子很容易记住。虽然现在的字跟原来已经不太一样了，但还是可以找到原来的痕迹。后来用第四种方法造出了大量的汉字，现在80%以上的汉字是形声字。但是，由于语音的变化比较快，现在很多形声字跟它声旁的读音已经不一样了。虽然声旁不能再作为准确的读音，但还是可以作为参考。形声字的形旁绝大多数到现在仍然表示一定的意义。如：

木　　表示与树木有关。如树、床、椅。
氵　　表示与水有关。如江、河、汤。
忄　　表示与心理状态有关。如怕、恨、慌。
宀　　表示与房子有关。如家、室、宿。
辶　　表示与行走有关。如迎、送、追。

(《常见偏旁表》见本单元查阅课文)

所以形声字认读起来并不难。比如，"桐"这个字我们没学过，不过它的两个组成部分我们都学过了。我们知道"木"旁的字与树木有关，而右边的"同"可能是声旁。这样，你就知道它的大概意思和读音了。如果你查词典就会发现，这个字念 tóng，是一种树，这跟你原来猜的差不多。

还有的同学说，英文只有 26 个字母，很好写，汉字太难写。这样说也不对，因为字母并不是词，而汉字在古代是词，现在仍然差不多每个字都有意义，所以字母不能跟汉字相比。汉字是由笔画组成的，字母实际上跟笔画差不多。汉字笔画的数量跟英文字母相近，不同的是，英文一个字母一个字母地从左向右写成一个长条，汉字却要上下左右地写成一个方块。不过这也不难，因为凡是笔画多的字都是先由笔画组成偏旁，再由偏旁组成汉字的。如"借"字由三个部分组成："亻""𦮙""日"。这三个部分也可以与别的偏旁组成别的字，如"供""但""你"等。常用汉字虽然有 3500 个，但偏旁并不多，常用的偏旁有 200 个左右。容易一点儿的字，本身就是偏旁；而难一点儿的字，不过是这些偏旁的组合。熟悉笔画和偏旁以后，写汉字就不难了。

当然，有的汉字笔画很多，确实比较难写，如"邊""畫""織"等。所以，1952 年政府组织专家研究简化汉字，对一部分难写的汉字进行了简化，如"邊"字简化为"边"，"畫"字简化为"画"，"織"字简化为"织"。简化后的汉字称为简体字，从 1956 年开始使用，原来的汉字称为繁体字。简体字有利于初学者，也有利于提高全民族的文化水平，因此受到大家的欢迎。

生词

规律	n.	guīlǜ	law, regular pattern
造字		zào zì	to create a character
指事	n.	zhǐshì	self-explanatory characters
象征	v./n.	xiàngzhēng	to symbolize, to signify, to stand for; symbol
抽象	adj.	chōuxiàng	abstract, abstractive
所指		suǒ zhǐ	to refer to, to direct at
会意	n.	huìyì	associative compound
合	v.	hé	to join, to combine
形声	n.	xíngshēng	pictophonetic character, with one element indicating meaning and the other sound
形旁	n.	xíngpáng	pictographic element
声旁	n.	shēngpáng	phonetic element
合成	v.	héchéng	to compose; to compound
金属	n.	jīnshǔ	metal
痕迹	n.	hénjì	mark, trace
大量	adj.	dàliàng	a large number, a great quantity
参考	n./v.	cānkǎo	reference; to refer to
心理	n.	xīnlǐ	psychology
状态	n.	zhuàngtài	state
猜	v.	cāi	to guess
字母	n.	zìmǔ	letter
相近	adj.	xiāngjìn	close, similar to, near
方块	n.	fāngkuài	square shape
凡是	adv.	fánshì	every, any, all, whatever
由	prep.	yóu	by, through
偏旁	n.	piānpáng	basic structural part of a Chinese character

熟悉	v./adj.	shúxī	to know sth. or sb. well, to be familiar with; familiar
政府	n.	zhèngfǔ	government
组织	v.	zǔzhī	to organize
专家	n.	zhuānjiā	specialist, expert
简化	v.	jiǎnhuà	to simplify
简体字	n.	jiǎntǐzì	simplified Chinese character
繁体字	n.	fántǐzì	original complex form of the simplified Chinese character
有利于		yǒulì yú	to be advantageous to

一 根据课文判断下列理解是否正确,如果正确就画"✓",如果错误就画"×"。
Decide whether the following statements are true (✓) or false (×) according to the text.

1. 本文主要讲汉字是怎么造出来的,有什么规律。☐

2. 中国古代造字主要有四种方法。☐

3. 象形字最像图画。☐

4. ⌒表示下边。☐

5. "人在树下"表示"看"。☐

6. "桐"字的"木"是声旁,"同"是形旁。☐

7. 现在80%以上的汉字是形声字。☐

8. 现在形声字的读音跟它的声旁完全一样。☐

9. 形声字的形旁现在绝大多数仍然表示一定的意思。☐

10. 跟字母差不多的是汉字的笔画。☐

11. 难一点儿的字,是先由笔画组成偏旁,再由偏旁组成汉字的。☐

12. 常用的偏旁有3500个左右。☐

13. 熟悉汉字的笔画和偏旁后,写汉字就不难了。☐

二 指出下列变色字是什么意思。
Choose the best definitions for the following words in color.

1. 容易一点儿的字，本身就是偏旁。

　　☐ A. 样子
　　☐ B. （人或物）自己
　　☐ C. 身体

2. 难一点儿的字，不过是这些偏旁的组合。

　　☐ A. 只是
　　☐ B. 但是
　　☐ C. 不去

三 指出下列词组或句子是什么意思。
Choose the best definitions for the following phrases and sentences.

1. 字母不能跟汉字相比。

　　☐ A. 字母跟汉字不能比较。
　　☐ B. 字母比汉字容易。
　　☐ C. 汉字比字母难得多。

2. 凡是笔画多的字都是先由笔画组成偏旁，再由偏旁组成汉字的。

　　☐ A. 所有难的字都是由偏旁组成的，而偏旁是由笔画组成的。
　　☐ B. 有些难的字都是由偏旁组成的，而偏旁是由笔画组成的。
　　☐ C. 很多难的字都是由偏旁组成的，而偏旁是由笔画组成的。

第 1 单元 汉字的故事　13

四 重点词语举例。
More examples for the key words.

1. 规律

    课文中：如果他们知道汉字是怎么造出来的，知道汉字的规律，就不会这样说了。

    更多的：冬天过了就是春天，这是自然规律。
    每天吃完晚饭就去散步，这是他的生活规律。
    两个第三声在一起时，第一个就读第二声，比如"你好"，这是规律。

2. 合

    课文中：把几个象形的字合起来表示一个新的意思。

    更多的：他轻轻地把两只手合在一起。
    他们两个人的钱合在一起不够1000块。
    我们大家合力来帮助他。

3. 由

    课文中：由代表意义的形旁和代表发音的声旁合成。

    更多的：这个问题应由我们来解决。
    你是由哪条路过来的？
    每天都由他在黑板上写生词。

4. 参考

    课文中：虽然声旁不能再作为准确的读音，但还是可以作为参考。

    更多的：我写这篇文章参考了今天的报纸。
    我去图书馆借几本参考书。
    你写的作文能不能借给我参考参考？

5. 猜

    课文中：这跟你原来猜的差不多。

更多的：你猜这个字是什么意思？

我猜了半天，猜不出来。

这个句子的意思我猜对了，他只猜对了一半。

6. 凡是

课文中：凡是笔画多的字都是先由笔画组成偏旁，再由偏旁组成汉字的。

更多的：凡是这个学校的学生都可以在图书馆借书。

凡是去过大连的人都说大连很美。

凡是我知道的，我都可以告诉你。

（二）怎样记住中文的词

字数：2430　　阅读时间：20分钟

很多同学学了两年中文，还看不懂中文的文章，听不懂中国人说话。他们说，生词太多，记不住。的确，任何语言，词汇量都是巨大的。说汉语的成年人通常使用的词有四五万个。记住这么多词可不是一件容易的事。学习中文生词有捷径吗？

有，让我来告诉你两个办法。

第一，学好汉字。

常用汉字的数量并不多。1987年国务院有关部门发布了一个《最新常用字表》，其中常用字只有2500个，次常用字1000个。这个常用字表经过200万字的检验，证明2500个常用字的覆盖率达97.97%，1000个次常用字的覆盖率达1.51%。这两项加起来，3500个字的覆盖率高达99.48%。这就是说，要是学会了这3500个汉字，你看一篇1000个字的文章，就只有5个汉字不认识，这5个字对于理解这篇文章通常是不太重要的，即使有一两个字比较重要，查一下儿词典也不算费事。要知道，受过中等教育的中国人，看书时也会有不认识的字呢！

差不多每一个汉字都有意思。在古代一个汉字就是一个词，到了现代很多字仍然是词，如"天""书""车""路""大""红""学""说"等。当然，现在多数词是用两个字组成的,如"学生""中国""书包""大衣"等,还有少数词由两个以上的字组成,如"图书馆""自行车"等。四五万个词绝大多数是这 3500 个字的交叉组合。

比如说,"天"这个字,至少可以组成 264 个词。例如:

天边、天才、天地、天鹅、天命、天气、天桥、天然、天时、天上、天堂、天文、天下、天真……

白天、春天、明天、当天、阴天、整天……

当然这些词的意思,并不是两个字意思的相加,但如果学过了字,这些词就不是完全陌生的了,就比较容易记住。

经验证明,学中文开始的时候比较难,但学会了一两千个汉字以后就越学越容易,因为你对汉字已经比较熟悉了。这正好与中国人学习英文相反。很多人觉得学英文一开始很容易,但学了一两年后就感到越来越困难,总是觉得没有什么进步。因为英文从 26 个字母一下子到几万个词,很难记住。

中文先是字,再从字到词,字虽然比较难,但词却比较容易了。所以学中文不要害怕学汉字,汉字学得越好,以后进步就越快。

第二,了解字是怎样组成词的。

1. 有很多词是前边的字修饰后边的字。如:

迟到:"迟"修饰"到",意思是到得晚了。
偷看:"偷"修饰"看",意思是看别人的东西并且不让别人知道。
飞快:"飞"修饰"快",意思是像飞一样快。

中文的基本词常常只有一个字,指某一类事物,在这些字的前边,再加一个字或两个字就使原来的意思变小,使事物更具体。如"车"字,有轮子的交通工具都是车,用马拉的叫"马车",有火的叫"火车",用汽油的叫"汽车",用电的叫"电车",前后两个轮子的叫"自行车",三个轮子的叫"三轮车",医院里开到外边去拉急诊病人的叫"救护车",救火的叫"救火车",等等。记住了一个"车"字,别的关于车的词就很容易记住。又如"牛",还有公牛(bull)、母牛(cow)、水牛(buffalo)、黄牛(ox)、小牛(calf),等等,这些在英文中是不同的词,但在汉语中都是"牛"。这样的基本词还有很多,如"酒""菜""笔""灯""树""路""油""厅""机""衣""鸡""马"……

用这些基本词可以造出很多词来。

2. 两个字的意思并列。

(1) 两个字的意思相近。如：

　　语言　朋友　人民　居住　伟大

(2) 两个字的意思相反。如：

　　早晚：他这么马虎，早晚会出问题。
　　大小：这件衣服大小不合适。
　　始终（shǐzhōng throughout）：那件事他始终不知道。
　　左右：明天我大概十点左右回来。
　　开关：电灯的开关在左边的墙上。

(3) 两个字的意思是同一类事物。如：

　　河山（héshān territory）：他想去旅行，看看祖国的大好河山。
　　国家（guójiā nation）：两个国家一直和平相处（to get along with each other）。
　　血汗（xuèhàn blood and sweat）：这些钱是劳动人民的血汗。
　　眉目（méimù prospect of a solution）：这件事到现在还没有眉目。
　　领袖（lǐngxiù leader）：他是工人们的领袖。

3. 在一个字的前边或后边加一个好像词缀的字。

加在前边的主要有：

初（表示开始的，第一个）

　　初一 [the first day (of a lunar month)]　　初次（the first time）
　　初学（to begin to learn）　　初赛（preliminary contest）

阿（用在称呼前，使称呼有亲切感，尤其在南方是这样）

　　阿爸　阿哥　阿妹　阿姨　阿叔

非（原意是"不是"）

　　非常　非法（illegal）　非金属（nonmetal）　非机动车

可（表示可以，值得）

　　可信（credible）　　　可笑（laughable）
　　可恨（hateful）　　　 可爱（lovable）

老（用在有些人的称呼或动物的名称前，没有明确的词汇意义）

　　老师　老李　老婆　老虎　老鼠　老乡（fellow-townsman）

本（表示自己方面的）

　　本人（self）　　　本校（our school）　　　本地（this locality）
　　本书（this book）　本身（oneself）

无（表示没有）

　　无毒（non-toxic）　　无害（harmless）　　无用（useless）
　　无条件（unconditional）

加在后边的主要有：

头（没有明确的词汇意义，读轻声）

　　木头　石头　前头　看头　说头　甜头

子（没有明确的词汇意义，读轻声）

　　桌子　房子　胖子　儿子　盖子

者（表示人或事物）

　　记者　作者　老者　前者　初学者

家（表示掌握专门知识，做专门工作的人）

　　画家　作家　专家　数学家　心理学家

员（表示某一类人）

　　教员　演员　会员　售票员

师（表示掌握专门技术的人）

　　医师　厨师　律师（lawyer）　工程师　理发师

性（表示人或事物所具有的特性、能力、作用）

  重要性（importance） 创造性（creativity）
  人性（humanity） 积极性（initiative）

化（表示转变成某种性质和状态）

  绿化（to make green） 美化（to beautify） 简化（to simplify）
  工业化（to industrialize） 现代化（to modernize）

4. 缩略词

  现代社会各种专门名称越来越多，有的名称很长，说起来、写起来都不方便，于是人们就用缩略的办法简化。简化的方法有两种：

 （1）选用全称主要词的一个字。如：

  北京大学 —— 北大
  第三中学 —— 三中
  地下铁道 —— 地铁
  人民代表大会 —— 人大
  北京电影制片厂 —— 北影
  北京师范大学 —— 北师大
  德胜门外大街 —— 德外大街
  第一汽车制造厂 —— 一汽
  高等学校招生考试 —— 高考
  春节前后的交通运输 —— 春运

 （2）用数字概括同类事物。如：

  废气（exhaust gas）、废水（waste water）、废渣（waste residue）—— 三废
  身体好、学习好、工作好 —— 三好
  农业、工业、国防和科学技术的现代化 —— 四化

以上这些是主要的构词方法。汉语合成词的特点有两个：

1. 词义的组合性。也就是说，通常一个词可以分开来解释，组成词的字是有意义的。

2. 词义的整体性。也就是说，多数词的词义不是字义相加，字与字组合成

词后，产生了新的意思。实际上字与字的组合常常是语义缩略的结果，所以不能单从字面上理解，如"喜色"不是喜欢的颜色，而是高兴的样子。

当然，阅读能力的提高不仅靠掌握知识，主要靠不断的阅读实践，读得越多，记住的生词就越多、阅读速度就越快。

生词

文章	n.	wénzhāng	essay, article
捷径	n.	jiéjìng	short cut, ingenious means or way to quickly reach one's destination or goal
国务院	n.	guówùyuàn	the State Council
有关部门		yǒuguān bùmén	department concerned
发布	v.	fābù	to issue (orders, instructions, news, etc.), to announce
次常用字		cì chángyòngzì	less commonly used characters
检验	v.	jiǎnyàn	to test, to examine, to inspect
证明	v.	zhèngmíng	to prove
覆盖率	n.	fùgàilǜ	coverage rate
达	v.	dá	to reach, to attain, to amount to
项	n.	xiàng	item
费事	v.	fèishì	to give (take) a lot of trouble
受	v.	shòu	to receive
交叉	v.	jiāochā	to cross, to intersect
正好	adv.	zhènghǎo	exactly, happen to
相反	adj./adv.	xiāngfǎn	opposite, contrary; on the contrary
一下子	adv.	yíxiàzi	in a short while, all at once, all of a sudden
修饰	v.	xiūshì	to qualify, to modify
基本词	n.	jīběncí	basic vocabulary, basic word-stock
（一）类	m.	(yí) lèi	class, category, kind, type
事物	n.	shìwù	thing, object

轮子	n.	lúnzi	wheel
工具	n.	gōngjù	tool, means
汽油	n.	qìyóu	gas, gasoline
救护车	n.	jiùhùchē	ambulance
救火车	n.	jiùhuǒchē	fire engine, fire truck
并列	v.	bìngliè	to stand side by side, to be juxtaposed
词缀	n.	cízhuì	affix
称呼	v./n.	chēnghu	to call, to address; form of address
亲切感	n.	qīnqiègǎn	warm feeling, cordial impression
原意	n.	yuányì	original intention
名称	n.	míngchēng	name, term, title
专门	adj.	zhuānmén	special, specialized
转变	v.	zhuǎnbiàn	to change, to transform, to shift
某种		mǒu zhǒng	certain kind, some kind
性质	n.	xìngzhì	quality, nature, character
状态	n.	zhuàngtài	status, state, condition
缩略词	n.	suōlüècí	abbreviation
春节		Chūn Jié	Spring Festival (Chinese New Year)
运输	v./n.	yùnshū	to transport, to transit; transportation
概括	v.	gàikuò	to summarize, to generalize
同类	n.	tónglèi	of the same kind, people (things) of the same category
构词		gòu cí	word-building, word-formation
分开	v.	fēnkāi	(of persons or things) to be apart, to separate
解释	v./n.	jiěshì	to explain, to expound; explanation
整体性	n.	zhěngtǐxìng	whole, entirety
单	adv.	dān	only, alone
字面	n.	zìmiàn	literal meaning (of a word)
掌握	v.	zhǎngwò	to master, to know well
实践	n.	shíjiàn	practice
速度	n.	sùdù	speed, velocity

一　根据课文判断下列理解是否正确，如果正确就画"✓"，如果错误就画"×"。
Decide whether the following statements are true (✓) or false (×) according to the text.

1. 常用字有1000个。☐
2. 受过中等教育的中国人认识所有的汉字。☐
3. 差不多每个汉字都有意思，记住字的意思很重要。☐
4. 古代一个汉字就是一个词，现在多数词是由两个汉字组成的。☐
5. 两个字组成的合成词，词的意思是两个字意思的相加。☐
6. 中国人学英文开始的时候觉得很难，一两年就学会了。☐
7. 学汉语开始的时候比较难，但学会一两千个汉字以后就比较容易了。☐
8. 有的同学汉字学得好，所以进步很快，越学越容易。☐
9. 汉语的很多基本词只有一个字，这样的词可以造出很多新词来。☐
10. "非正式"的意思是"不是正式的"。☐
11. "组合性"的意思是"有组合的特性"。☐
12. "北大"的意思是北京很大。☐
13. "三好"的意思是"三这个数字很好"。☐
14. 字与字组合成词，不能单从字面上理解词的意思。☐
15. 提高阅读能力靠多读书，这样才能记住生词，才能读得快。☐

二　指出下列变色字是什么意思。
Choose the best definitions for the following words and phrases in color.

1. 的确，任何语言，词汇量都是巨大的。
   - ☐ A. 真的
   - ☐ B. 正确
   - ☐ C. 准确

22　这样 阅读
Read This Way

2. 记住这么多词可不是一件容易的事。

☐ A. 表示强调（qiángdiào to stress, to emphasize）
☐ B. 可以
☐ C. 可能

3. 查一下词典也不算费事。

☐ A. 很困难
☐ B. 很麻烦
☐ C. 不困难

三 指出下列词组或句子是什么意思。
Choose the best definitions for the following phrases and sentences.

1. （有的名称很长,）说起来、写起来都不方便。

☐ A. 说的时候、写的时候都不方便。
☐ B. 起来说、起来写都不方便。
☐ C. 说"起来"这个词、写"起来"这个词，都不方便。

2. 3500个字的覆盖率高达99.48%。

☐ A. 99.48%的文章用这3500个汉字。
☐ B. 只有0.52%的汉字是这3500个汉字以外的。
☐ C. 3500个汉字可以写99.48%的文章。

四 重点词语举例。
More examples for the key words.

1. 证明

课文中：这个常用字表经过200万字的检验，证明2500个常用字的覆盖率达97.97%。

更多的：事实证明他是对的。
你常常迟到，这证明你对工作不认真。

当厨师需要有健康证明。

2. 正好

   课文中：这正好与中国人学习英文相反。

   更多的：从我家到那儿正好15公里。
   昨天我起床的时候正好是7点。
   我现在正好有时间，我跟你一起去吧。

3. 相反

   课文中：两个字的意思相反。

   更多的：他们两个人的意见不一样，正好相反。
   一辆汽车向东开，另一辆汽车向相反的方向开去。
   这儿的情况跟那儿相反。

4. 专门

   课文中：家（表示掌握专门知识，做专门工作的人）

   更多的：公司有专门的人为客户安装机器。
   需要有专门的人为孩子们写故事。
   我到北京以后专门去看了他。

5. 掌握

   课文中：师（表示掌握专门技术的人）

   更多的：学了两年，他就掌握了汉语。
   这个词的意思他没有掌握。
   他说话常出错，语法掌握得不够好。

6. 分开

   课文中：通常一个词可以分开来解释，组成词的字是有意义的。

   更多的：老板叫他把好的跟坏的分开放。
   两种菜分开做，做好以后再合在一起。
   他们两个相爱，已经分不开了。

三、略读

（一）

字数：300　　第三次阅读时间：1.5 分钟

什么是书法？书法是写字的艺术。上过学的人，人人都会写汉字，但多数人都写得不好。写字写得好可不容易，那是练出来的。一幅漂亮的字就像一幅好画，看起来很美，使人陶醉。（见第 26 页所附书法作品）

令人奇怪的是练书法还可以健身。这一点儿也不假，书法家都长寿。北京的书法家孙先生活到 102 岁，他说自己长寿的秘诀就是练习书法。他认为写字跟练气功差不多，需要静心、安神，是使身心得到调整的好方法。不管春夏秋冬，他每天都要写 2000 多字。现在仍健在的上海书法家苏先生已经 103 岁了，仍然每天写字。

中国自古就有很多人练习书法，今天随着人们生活和文化水平的提高，练书法的人也越来越多了。如果你多看看好的书法作品，也许你也会迷上书法的。

1. 这篇文章的内容是关于：（　　）

   This passage is about...：

   （1）画画儿
   （2）健身
   （3）书法
   （4）喜欢看什么

2. 本文主要讲的是：（　　）

   Choose the statement which best expresses the main idea of the passage：

   （1）现在练书法的人很少
   （2）年纪大的人才能成为书法家
   （3）怎样写好汉字
   （4）关于中国的书法

中国书法

楷书

多	中	人	山
名	千	大	生
久	半	天	西
受	车	衣	而
度	华	永	出
峯	筆	念	非

草书

得示知足下犹未佳耿耿吾亦劣劣明
日出乃行不欲触雾故也迟散王羲之
顿首

3. 本文讲到以下内容：(　　)
   The passage contains the following contents：

   (1) 书法是写字的艺术
   (2) 写好字很容易
   (3) 练书法要花很多钱
   (4) 练书法可以健身
   (5) 现在练书法的人更多了

（二）

字数：470　　第三次阅读时间：2分钟

　　汉字是世界上到现在还在使用的最古老的文字。几千年来，汉字为中国文明作出了贡献，也对亚洲的文明产生了很大的影响。

　　汉字有多少呢？《康熙字典》收字4 7035[①]个，《中华大字典》收字4 8000多个，日本《大汉和字典》收字4 9961个，《汉语大字典》收字6 0000个。那么多汉字怎么记得住呢？其实，字典里的很多字已经"死亡"了，不再使用。现在，在中国通用的汉字并不多。近年来用计算机进行统计，得出一个6763个字的汉字表，其中常用汉字只有3755个，这3755个常用字占现代出版物上汉字出现频率的99.9%，其余3008个是不常用字，只占0.1%。这就是说，对一般人来说，掌握这3755个字就够了。这3755个常用字中还有1000多个次常用字，实际上真正的常用字只有2500个左右。2500个汉字是不难学会的，任何肯学习的人都能掌握。

　　除了中国［包括大陆（the Chinese mainland）、台湾（Taiwan）、香港（Hong Kong）和澳门（Macao）］以外，新加坡（Singapore）、日本和韩国也用汉字。

　　在新加坡，汉字是官方文字之一。汉字传入日本大约是在2000年前，但现在日文中的汉字跟中文的汉字意思可能不一样。日文中使用1926个汉字，韩国

[①] 按中华人民共和国国家标准《出版物上数字用法的规定》第8条，阿拉伯数字书写的多位整数以三位为一节，本教材为了教学方便，有所变通。

使用1300个汉字。

过去中文打字很不方便，但现在用电脑，每分钟最快可以输入190个字，比英文还要快，所以使用汉字也很方便。

1. 这篇文章的内容是关于：（   ）

    This passage is about. . . :

    （1）汉字
    （2）字典
    （3）电脑
    （4）亚洲的情况

2. 本文主要讲的是：（   ）

    Choose the statement which best expresses the main idea of the passage：

    （1）汉字的数量太多了，大家都记不住
    （2）新加坡、日本、韩国也用汉字
    （3）关于汉字的一些情况
    （4）常用汉字只有2500个，不难

3. 本文讲到以下内容：（   ）

    The passage contains the following contents：

    （1）汉字有多少
    （2）有很多汉字现在已经不用了
    （3）6763个汉字覆盖率达99.9%
    （4）有哪些地方使用汉字
    （5）中文打字不方便

（三）

字数：910　　第三次阅读时间：4分钟

有些汉字笔画很多，很难写，尤其对于初学的儿童来说更加困难。所以老百姓在写字的时候，会自己把有些汉字简化，比如把"廳"写成"厅"，把"證"写成"证"。汉字自古就有简体，以后各个时代简体字都有发展。可是简体字并不是正体，而且你这样简化，我那样简化，有时候一个汉字有好几种写法，让人看不懂。所以文字改革必须由政府统一地、系统地来进行，使简体字成为正体。

1949年新中国成立以后，政府很重视这个问题，1952年成立了中国文字改革研究委员会，开始草拟汉字简化方案。1955年1月，中国文字改革委员会发表《汉字简化方案草案》，广泛征求意见。全国各地各界人士参加讨论的在20万人以上。草案根据这些意见作了初步修正，并经国务院设立的"汉字简化方案审订委员会"审订以后，于1955年10月提交全国文字改革会议讨论通过。1956年1月，国务院公布《汉字简化方案》。

这个方案包括三个部分：第一部分即《汉字简化第一表》，包含230个简化汉字（即把245个繁体字简化成230个简体字；其中有两个或三个繁体字合并成一个简体字的，所以简化后的字数比简化前少15个），从方案公布的时候起即已通用；第二部分即《汉字简化第二表》，包含285个简化汉字（即把299个繁体字简化成285个简体字，由于合并，比简化前少14个字），其中的95个字从1956年6月起开始试用；第三部分即《汉字偏旁简化表》，包含54个简化偏旁，已有30个根据这个表类推出来的字从方案公布的时候起开始试用。

汉字简化方案第一表和第二表所简化的繁体字544个，笔画总数是8745画，平均每字16.08画；简化之后归并成515个简化汉字，笔画总数是4206画，平均每字只有8.16画。就是说，写简化汉字可以比写繁体字省力一半。如果把第一表和第二表中的515个简化汉字，依照第三表偏旁简化办法继续加以简化，那么每个简化汉字的平均笔画估计可以进一步减少到6.5画，只占原来繁体字平均笔画的40%。

汉字简化有利于教育的普及和全民族文化水平的提高，因此受到广大群众，特别是少年儿童的热烈欢迎。现在新加坡也使用简体字，但是中国的台湾、香港和澳门还是使用繁体字，很多地方的海外华人也仍然使用繁体字。

有些汉字笔画很多，但是现在还没有简化，如：繁、警、整、翻、藏、疆、舞、鼻、鼠，等等，所以简化汉字的工作还应该继续进行。但是汉字简化工作必须慎重，不可草率。

1. 这篇文章的内容是关于：（　　）

   This passage is about...：

   （1）汉字
   （2）华人
   （3）老百姓
   （4）常用字

2. 本文主要讲的是：（　　）

   Choose the statement which best expresses the main idea of the passage：

   （1）汉字的发展
   （2）简化汉字
   （3）汉字的数量
   （4）汉字的笔画

3. 本文讲到以下内容：（　　）

   The passage contains the following contents：

   （1）简体字自古就有
   （2）汉字简化工作应该由政府来做
   （3）1956年才开始有简体字
   （4）所有难写的汉字都简化了
   （5）简体字的平均笔画只有繁体字的40%
   （6）海外的华人也使用简体字

四、查阅

根据偏旁的名称，从下面的《常见偏旁表》中查出这个偏旁的写法，并写出两个例字。

Find out how to write the following radicals from the List of Common Radicals according to their names and give two example characters for each radical.

1. 人字头 _____   2. 日字部 _____

3. 提手旁 _____   4. 单立人 _____

5. 马字旁 _____   6. 绞丝旁 _____

7. 大口框 _____   8. 宝盖头 _____

9. 女字旁 _____   10. 走字旁 _____

11. 双立人 _____   12. 心字底 _____

13. 左耳旁 _____   14. 车字旁 _____

15. 反犬旁 _____   16. 厂字边 _____

17. 三点水 _____   18. 口字部 _____

19. 食字旁 _____   20. 木字旁 _____

21. 火字旁 _____   22. 竖心旁 _____

二 **根据偏旁的意义，从下面的《常见偏旁表》中查出偏旁的写法。**
Find out how to write the following radicals based on their meanings from the List of Common Radicals.

1. _____旁表示与眼睛、看的动作有关。

2. _____旁表示跟鱼有关。

3. _____旁表示跟说话有关。

4. _____旁表示与树木有关。

5. _____旁表示与疾病有关。

6. _____旁表示与女性有关。

7. _____部表示与脚有关。

8. _____旁表示与钱有关。

9. _____、_____旁表示与鸟类有关。

10. _____、_____旁表示与人有关。

11. _____、_____旁表示与手的动作有关。

12. _____旁表示与兽有关。

13. _____旁表示与急走、跑动有关。

14. _____旁表示与车有关。

15. _____旁表示与金属有关。

16. _____部表示与太阳、时间、光线有关。

17. _____旁表示与农作物有关。

18. _____旁表示与水有关。

19. _____、_____旁表示与思想感情、心理活动有关。

20. _____头表示与草有关。

常见偏旁表

偏旁	古字	名　称	意　义	例　字
亠	亠	六字头 liùzìtóu	取字形，意义不明。	六京高亦市夜产帝亮旁离商
冫	仌	两点水 liǎngdiǎnshuǐ	古义是冰。(1)做意符，冫旁字表示寒冷。(2)做构字部件。	(1)冰冷冻冬凉寒凝 (2)次习尽况决
宀	∩	平宝盖 píngbǎogài	古字像以物覆盖。(1)做意符，宀旁字与覆盖有关。(2)做构字部件。	(1)冠冤冥冢幂 (2)写军罕冗
讠	言	言字旁 yánzìpáng	古字像人说话，言旁字多与说话有关。(1)做左偏旁时简化为讠。(2)做字底为言。	(1)说话讲访记论请读 (2)誓警誉
十	十	十字部 shízìbù	意义不明，可做上、下、左、右偏旁。	支古考毕华克直卖什计协博
厂	厂	厂字边 chǎngzìbiān	古字像山崖，是可以住人的地方。(1)做意符，与居住、山石有关。(2)做构字部件。	(1)厅厦厢厕厩历压厌厨(2)原厚厘
匚	匚	区字框 qūzìkuāng	(1)古字匚像上面有东西盖着，表示隐藏。(2)古字匚像一个筐，表示与筐有关。后两者合二为一。	(1)区匹医匜區 (2)匡筐匠匣匱匦
卜	卜	卜字旁 bǔzìpáng	古字意为占卜(to divine)。(1)做意符，表示与占卜有关。(2)做声符。(3)做构字部件。	(1)占卦(2)扑仆朴钋 (3)处外桌卡贞卧
刀	刀	刀字旁 dāozìpáng	古字像刀。(1)做意符，刀旁字多与刀有关。(2)做声符。(3)夕字头的字与刀无关，因形近归刀旁。	(1)刃切分券初劈 (2)召叨(3)争色象
刂	刀	立刀旁 lìdāopáng	古字像刀，做右偏旁时写做刂。(1)做意符，刂旁字多与刀有关。(2)做声符。	(1)刻削刮刑划刺利别刷(2)到
冂	冂	同字框 tóngzìkuāng	原音jiǒng，写做同。(1)做声符。(2)做构字部件。(3)冂字形的字，图形相近，归入冂旁。	(1)迥炯扃(2)同网肉冏(3)周用
八	八	八字部 bāzìbù	古字像相背分别。(1)做意符表示分开。(2)做声符。(3)做字底时为构字部件，与声义无关。(4)丷字头因形近也归入八部。	(1)分半(2)扒叭(3)只兴共兵具典(4)兰弟

第1单元　汉字的故事　33

（续表）

偏旁	古字	名称	说明	例字
人	𠆢	人字头 rénzìtóu	古字像人形。人字头的字多与人有关。	众余全内俞 会合命介企亚
亻	𠆢	单立人 dānlìrén	做左偏旁时写做亻，亻旁的字多与人有关。	他们你休作住位伴 体供使信
勹	勹	包字框 bāozìkuāng	古字像人体和手臂弯曲包住东西。 (1)做意符。(2)做构字部件。	(1)包勾匈葡匐勺 (2)勿匀旬匍匆甸
儿	儿	儿字部 érzìbù	与人字同义，做左旁为亻，处于字底为儿。	见元兄充光先兑党 兜允
几	几	几字部 jīzìbù	像小桌子，茶几。(1)现多做声符。(2)做构字部件。(3)几形近几，也归几字部。	(1)机讥饥肌叽 (2)凡壳秃凭(3)凤凰
厶	𠫓	私字旁 sīzìpáng	古字厶与现在的私同音同义，现在厶旁多借用做构字部件。	私公县参勾能去台 允矣牟弁
又	又	又字旁 yòuzìpáng	古字像手。(1)做意符，与手有关。(2)又旁现在多数作为构字部件。	(1)友取受(2)仅汉 劝戏观欢对难
廴	廴	建字底 jiànzìdǐ	原意是引长的意思。(1)做意符。(2)做构字部件。	(1)延(2)建廷
卩 (㔾)	卩	单耳旁 dān'ěrpáng	古字像人曲膝而跪，现多借用做构字部件。	节卫印叩即却 危卷犯范仓
阝	阝	左耳旁 zuǒ'ěrpáng	古字像梯子，左耳旁字多与地形高低上下有关。	队防阳阻阶陆 阿除陈限院陪
阝	阝	右耳旁 yòu'ěrpáng	古字本义是城郭，所以右耳旁的字多与城郭、行政区有关。	郭邦都郡邱邻 那邮郊郎部邓
凵	凵	山字框 shānzìkuāng	原意是盛物的器具。现在只是借用做构字部件。	山出凶击凹凸 画幽函酱
力	力	力字部 lìzìbù	古字像曲臂张指用力的样子。(1)做意符，表示用力。(2)做声符。	(1)功劳勇动勉办助 男劲努(2)历助
氵	氵	三点水 sāndiǎnshuǐ	氵是从水字演变来的，做左偏旁。氵旁字多与水有关。	江河深湖汁酒 汗池汤泳波海

（续表）

忄	(古)	竖心旁 shùxīnpáng	古字像心，做左偏旁时为忄。忄旁字多与心理状态有关。	怕慌恨悔悟忆 忙性怪情怜惊
宀	(古)	宝盖头 bǎogàitóu	古字像房屋，宀旁字多与房屋有关。	宅客寓宝安家 守字定客宾宿
广	(古)	广字头 guǎngzìtóu	古字由宀变化来，所以与房屋有关。(1)做意符。(2)做声符。	(1)店床库庭廊庄 (2)犷矿旷扩庐
门	(古)	门字框 ménzìkuāng	繁体为門，像一扇门。(1)做意符，与门有关。(2)做声符。(3)借用做构字部件。	(1)闩闭闪阁间 (2)问们闷闻 (3)闹
辶	(古)	走之旁 zǒuzhīpáng	古字彳为道路，止为脚，所以辶旁的字多与行走有关。	达过迎送追逃 通退途逛这道
干	(古)	干字旁 gānzìpáng	古字像武器，现主要做声符。	杆赶竿肝汗旱 奸岸矸酐秆罕
寸	(古)	寸字旁 cùnzìpáng	古字意为手下一寸。(1)做意符，与手有关或与制度有关。(2)做声符。(3)做构字部件。	(1)尊付守寺 (2)村衬忖(3)过
扌	(古)	提手旁 tíshǒupáng	从手字变化来，做左偏旁，扌字多与手的动作有关。	打扔扛扫托护 找抢抱把拉摸
工	(古)	工字部 gōngzìbù	古字像工具。(1)做意符。(2)做声符。(3)借用做构字部件。	(1)左巧巫(2)汞贡 功红空巩(3)劲
土	(古)	土字部 tǔzìbù	古字像土地上长草。(1)做意符，多与泥土有关。(2)做声符。(3)借用做构字部件。	(1)地场尘坑坟块 (2)吐肚杜(3)至去走
士	(古)	士字部 shìzìbù	意义不明，做偏旁时多数为字头。	吉志声壳壶壹 喜鼓嘉壮
艹	(古)	草字头 cǎozìtóu	古字像两棵草，现只做偏旁，艹旁字多与草有关。	草花芳芽菜莘 苗英葱荷药荒
大	(古)	大字头 dàzìtóu	古字像人形。(1)做意符，与人有关。(2)做意符，与大有关。(3)做声符。(4)借用做构字部件。	(1)夫央(2)尖夯奢 (3)达奔(4)头类因奇

第1单元 汉字的故事 35

(续表)

廾	(古字)	弄字底 nòngzìdǐ	古字意为两手相合。(1)做意符,与手的动作有关。(2)借用做构字部件。	(1)弄开弈戒弃 (2)弁奔
尢	(古字)	尢字旁 yóuzìpáng	古字意为人跛腿。(1)做意符。(2)同尤字,做声符。(3)做构字部件。	(1)尴尬尥(2)优忧犹鱿(4)尨扰
小 (⺌)	(古字)	小字部 xiǎozìbù	古字意为很小的东西。(1)做意符。(2)做构字的部件。(3)⺌字头也归入小字部。	(1)尖尘雀(2)光肖当尚京(3)尝党堂常
口	(古字)	口字部 kǒuzìbù	古字像人的嘴,口旁字多与口有关。	问吐合呼吃喝吵告吹嘴唱叫
囗	(古字)	大口框 dàkǒukuāng	古字像围起来的样子,口部字多与周围有界、围起来的意思有关。	国圆囚围困固因囿圈回卣图
巾	(古字)	巾字部 jīnzìbù	古字像挂着一块布。(1)做意符,巾旁字多与布有关。(2)借用做构字部件。	(1)布帛带帘幕帐常帮币帜(2)希吊
山	(古字)	山字部 shānzìbù	古字像一座山。(1)做意符,与山有关。(2)做声符。(3)借用做构字部件。	(1)峰岛岸岭峦(2)汕仙灿舢(3)岁岂
彳	(古字)	双立人 shuānglìrén	古字是行字的一半,彳旁字多与行走有关。	往行征役径得街徘徊徒徐很
彡	(古字)	三撇旁 sānpiěpáng	意义不明。(1)做构字部件。(2)做声符。	(1)形影诊彰修彭须彩(2)衫杉钐
夕	(古字)	夕字部 xīzìbù	古字像月亮。(1)做意符,与夜晚有关。(2)借用做构字部件。(3)做声符。	(1)夜梦(2)多歹岁罗名(3)汐矽
夂	(古字)	冬字头 dōngzìtóu	古字像脚,现在这个偏旁的字与脚已无关系,做构字部件。	冬各务处条备夏终麦复
犭	(古字)	反犬旁 fǎnquǎnpáng	古字像兽。(1)做意符,犭旁字多与兽有关。(2)做右旁或做字底时写做犬。	(1)狗猫狼狐狸狮猪狠独(2)状突献
饣	(古字)	食字旁 shízìpáng	只做左偏旁,由食字简化。(1)做意符,与饮食有关。(2)做声符。	(1)饭饮饱饿饼馆饥馒馅(2)饰蚀
彐	(古字)	雪字底 xuězìdǐ	意义不明,做构字部件。	雪扫妇当寻灵录归帚邹慧

36

(续表)

尸	(古文字)	尸字部 shīzìbù	古字像弯腿的人,尸旁字多数与人有关。	屋居层展屁尿尾屎屠属局尼
己	(古文字)	己字部 jǐzìbù	古义为绳,后借用做自己的己。(1)己在合体字中多做声符。巳(2)和已(3)因为形体与己相近,词典中归入同一部首。	(1)记纪起忌杞岂 (2)异导巷(3)已
弓	(古文字)	弓字旁 gōngzìpáng	古字像弓。(1)现多做意符。(2)少数做声符。	(1)引张弹弛弦弘强 (2)躬穹芎
子	(古文字)	子字旁 zǐzìpáng	古字像婴儿,意为孩子。(1)做意符。(2)做声符。	(1)孚孙孝孩孤 (2)字仔籽孜
女	(古文字)	女字旁 nǚzìpáng	古字像双膝着地,两手相交的人形,特指女人。女旁字多与女性有关。	妇妈姐妹姑妻奴姓奶娶
纟	(古文字)	绞丝旁 jiǎosīpáng	古字像一把丝。做意符。(1)与丝线、缠织有关。(2)有的表示颜色,也与蚕丝加工有关。	(1)丝线纺织纱绸纲细经绕(2)红绿
马	(古文字)	马字旁 mǎzìpáng	古字像马的形状。(1)做意符,与马有关。(2)做声符。	(1)骑驾驴驰驮腾 (2)吗妈码骂蚂玛
火	(古文字)	火字旁 huǒzìpáng	古字像火焰。(1)做左偏旁时写做火。(2)处于字底时写做灬。火旁字与火有关。	(1)灯炉烤炒烧烟炎灰(2)点热烈焦
方	(古文字)	方字旁 fāngzìpáng	(1)多做声符。(2)做意符时与旗有关。	(1)房防放旁芳访纺妨(2)旗施族旅
心	(古文字)	心字底 xīnzìdǐ	心偏旁只做字底。做左偏旁时为忄。多做意符,与思想感情、心理活动有关。	忘闷志忍思想急怒恋怨虑愁
户	(古文字)	户字头 hùzìtóu	古字是"门"字的一半。(1)做意符时多与门户有关。(2)做声符。	(1)启房扁扉扇(2)沪护妒雇炉芦驴
礻	(古文字)	示字旁 shìzìpáng	示字本义是"神事",表示祭祀。做左偏旁时为礻,做字底时为示。(1)多做意符。(2)做声符。	(1)神福祥祷祝礼社祸禁祭(2)视
贝	(古文字)	贝字部 bèizìbù	古字像海贝,古代用贝做货币。(1)贝旁字多与钱有关。(2)也做声旁。	(1)贵购财贫贩贷费资贱货(2)狈呗

(续表)

见	(古文字)	见字部 jiànzìbù	古字强调"人"上面的眼睛，表示眼的动作。(1)做意符多与看有关。(2)做声符。	(1)观视览觅觉现觊觎觐(2)舰砚苋
牛	(古文字)	牛字旁 niúzìpáng	古字像牛头，牛旁字多与牛有关。	牢牧告物牵犄牺牲犁犟牯犊
手	(古文字)	手字旁 shǒuzìpáng	古字像手，做左偏旁时写做扌。手旁字多与手的动作有关。	拿掌拳攀拜看摩挛
毛	(古文字)	毛字部 máozìbù	古字像羽毛。(1)做意符多与毛有关。(2)做声符。	(1)毯毡毫氅尾麾(2)牦髦蚝旄耄耗
气	(古文字)	气字部 qìzìbù	古字象形，像云气上升。气旁字多与气体有关。	氧氢氖氮气氚氦氘氩氤
月	(古文字)	月字部 yuèzìbù	(1)古意为月亮，做意符多与时间、光亮有关。(2)古字为肉，肉月旁字多与肉体有关。	(1)明朗期朝望朦(2)肩肤肺脑胖肚
穴	(古文字)	穴字头 xuézìtóu	古字像土室内有通气窗口，泛指洞穴。穴旁字多与洞穴有关。	空突穿窄窗窥窠窑帘窨窝窍
疒	(古文字)	病字旁 bìngzìpáng	古字像病人卧在床上。疒旁字多与疾病有关。	病疾痛疼疗疤疮疯疹痒疲癌
衤	(古文字)	衣字旁 yīzìpáng	古字像上衣。(1)做意符多与衣服有关。(2)做声符。(3)做左偏旁时写做衤，衤旁字多与衣、布有关。	(1)裳裁裹衰(2)依铱(3)衬衫被袜袖裙
石	(古文字)	石字旁 shízìpáng	古字像山崖下的一块石头。石旁字多做意符，表示与石头有关。	矿砖砚砍砸础破岩砂研硬礁
王	(古文字)	王字旁 wángzìpáng	(1)做左偏旁时是"玉"字的变形，写做王，多与玉石有关。(2)除左偏旁外"王"多做声旁。	(1)珍珠理现玲球班(2)汪柱旺皇狂
木	(古文字)	木字旁 mùzìpáng	古字像树木，做左偏旁时写做木。多做意符，表示与树木有关。	桌椅树林棵村板材果李杳
歹	(古文字)	歹字旁 dǎizìpáng	古字像有裂缝的残骨，歹旁做意符多与死亡有关。	死歼残殉殃殡殓殖殁殚

38

(续表)

车		车字旁 chēzìpáng	古字像车的图形,车旁多做意符,表示与车有关。	轮辆轨转输军轻较载库轴
戈		戈字部 gēzìbù	古字像武器,戈旁多做意符,表示与武器、战争有关。	战或戒戎威戚截戗戟
比		比字部 bǐzìbù	古字像两个人站在一起,有比较的意思。(1)少数做意符。(2)多数做声符。	(1)昆皆毖(2)毕毙屁批毗砒纰琵
瓦		瓦字部 wǎzìbù	古字是象形字,烧过的陶器叫瓦。(1)多做意符。(2)少数做声符。	(1)瓶瓷瓮瓯甑(2)佤
文		文字部 wénzìbù	古字像人身上有花纹。(1)做意符多与彩饰有关。(2)做声符。	(1)斑斌斓(2)纹蚊坟汶紊雯
攵		反文旁 fǎnwénpáng	古字本意是扑打,所以反文旁的字多数表示动作。	收放攻改败效教救敛散敬数
欠		欠字部 qiànzìbù	古字下部像人,上部像张着口打呵欠。(1)做意符多与口及神情、心意表达有关。(2)少数做声符。	(1)歌吹饮欢欣歉欲欺歙(2)芡砍
日		日字部 rìzìbù	古字像太阳,日旁字与多与太阳、时间、光线、明暗等有关。	早旦旱昨时明时间春昔昌昏是
目		目字旁 mùzìpáng	古字像人的眼睛。目旁字多做意符,表示与眼睛、看有关。	眼睛看眉睁盲睹瞪睐眠睡瞧
田		田字旁 tiánzìpáng	古字像方形耕地。(1)做意符,田旁字多与田地、农务有关。(2)做声符。	(1)亩男町甸畜略累畔界富(2)佃畋
皿		皿字底 mǐnzìdǐ	古字像器皿。皿旁字多与器皿有关。	盆盒盘盅盖益盂盈盏盗盛
钅		金字旁 jīnzìpáng	金字旁的字多与金属、金属制品有关。(1)做左偏旁写做"钅"。(2)做字底写做"金"。	(1)针钉钟银钢铁铃锁错镇(2)鉴銮
矢		矢字旁 shǐzìpáng	古字像箭,矢字旁的字古代的意思多与箭有关,由于字义演变,现在这种联系已不明显。	知医短矮矩矫疑矣

第1单元│汉字的故事　39

(续表)

禾		禾 字 旁 hézìpáng	古字像农作物。(1)做意符多与农作物有关。(2)只有一个字做声符。	(1)种香利稻秋季秀称税私秒(2)和
白		白 字 旁 báizìpáng	古字像什么现已不清楚。(1)做意符与白有关。(2)做声符。	(1)的皎皓皑 (2)伯拍柏迫怕帛魄
鸟		鸟 字 旁 niǎozìpáng	古字像鸟形,鸟旁字多与鸟类有关。	鸡鸭鸽鹅鸣鸦鹊鹏鹤鹦鹉鹰
羊		羊 字 旁 yángzìpáng	古字像羊头。(1)做意符,羊旁字多与羊有关。(2)做声符。(3)借用做构字部件。	(1)养羚群羔羞 (2)洋氧样详 (3)差着美
米		米 字 旁 mǐzìpáng	古字一横的上下像米粒。(1)做意符。米旁字多与粮类有关。(2)做声符。	(1)粮粒粉精粗糕籽料粘(2)迷咪眯
耳		耳 字 部 ěrzìbù	古字像人耳朵。(1)做意符,耳旁字多与耳朵或听觉有关。(2)做声符。	(1)取闻耷耻聋职聆聪耸联(2)洱饵
页		页 字 旁 yèzìpáng	古字表示人头,页旁字多与头有关。	顶颅颈额颜顾项领硕颗
虫		虫 字 旁 chóngzìpáng	古字像蛇,虫旁字多与昆虫有关。	蛇蚂蚁蜜蜂虾蚊蝇蚕蜘蛛萤
竹		竹 字 头 zhúzìtóu	古今字形都像竹。(1)做意符,竹字头的字多与竹有关。(2)做声符。	(1)竿笔笼笛第答等筒简签(2)竺筑
舟		舟 字 旁 zhōuzìpáng	古字像船。做意符,舟旁字多与船有关。	船舱航舵舶艇艘舷舰舢舫舸
羽		羽 字 旁 yǔzìpáng	古字像羽毛。(1)做意符,羽旁字多与羽毛有关。(2)做声符。	(1)翅扇翁翎翔翘翠翡翩翻(2)栩诩
走		走 字 旁 zǒuzìpáng	古字上面像急走的人,下面是止(足)。走旁字多与急走、跑动有关。	赶超赴起越趋赵趣趁趟趔趄
酉		酉 字 部 yǒuzìbù	古字像盛酒的器具。做意符,酉旁字多与酒有关。	酒醉醒酿酵酝酗配酌酱醋酬
足		足 字 部 zúzìbù	古字像人的脚,做左偏旁时写做"⻊"。(1)做意符,足旁字多与脚有关。(2)做声符。	(1)跑跳跟踢踩跪蹬跨趾跌(2)促捉

(续表)

身	𦣻	身字旁 shēnzìpáng	古字像人的身体,做意符,身旁字多与身体有关。	躺躬躯躲射
雨	雨	雨字头 yǔzìtóu	古字像天下雨,做意符,雨字头的字多与下雨或天空中气象情况有关。	雪雾雷霜零雹震霄露霍霞
齿	齒	齿字旁 chǐzìpáng	古字下面像口中的牙齿,上面的"止"字是声符。"齿"旁做意符,多与牙齿有关。	龄龈啮龀龃龉
隹	𤿎	隹字旁 zhuīzìpáng	古字像鸟。(1)做意符时,隹旁字与鸟类有关。(2)做声符。	(1)雀雁雕集雄雌雇难(2)谁堆推摧
鱼	魚	鱼字旁 yúzìpáng	古字像鱼,做意符,鱼旁字与鱼有关。	渔鲜鲨鲸鲤鲥鲫鳖鲁鱿鳝鲍
革	革	革字旁 gézìpáng	古字本义是皮革,做意符,革旁字多与皮革有关。	鞋靴鞍鞭鞘勒鞑靳
骨	骨	骨字旁 gǔzìpáng	古字上面像去掉肉的骨形,下面是肉旁。(1)做意符,多与骨骼有关。(2)做声符。	(1)骼髓骷髅(2)滑猾
鬼	鬼	鬼字旁 guǐzìpáng	古字是人们想象中的鬼的样子。(1)做意符,与鬼、灵魂有关。(2)做声符。	(1)魂魄魔魑魅(2)愧瑰魁槐嵬傀
彡	彡	彡字头 piāozìtóu	古字左边是长字,右边彡表示头发,意为头发长。彡旁字多与毛发有关。	髯鬃髦髻
鹿	鹿	鹿字头 lùzìtóu	古字像鹿。(1)做意符,与鹿有关。(2)做声符。	(1)麇麋麝麒麟(2)漉麓辘

五、字词句练习

一 在下列每一行词语中,20秒钟内找出两个相同的字。
Find out two identical characters in each item in 20 seconds.

1. 环境　　坏事　　杯子　　怀念　　林木　　弄坏

2. 打球　　肩扛　　扦插　　杠杆　　叁仟　　杠头

3. 准备　淮河　谁的　堆积　准确　困难
4. 起来　越发　超常　想起　道路　合适
5. 很多　树根　跟着　悔恨　根本　狠心
6. 祖国　组合　租金　阻挡　诅咒　组成

二　将下列句子划分意群。
Divide each of the following sentences into sense groups.

1. 当然不可能人人都会画这样的画儿。
2. 因为创造拼音文字必须具有把语音分解为辅音和元音的能力。
3. 不同的是英文一个字母一个字母地从左向右写成一长条。
4. 因为凡是笔画多的字都是先由笔画组成偏旁，再由偏旁组成汉字的。
5. 也就是说通常一个词可以分开来解释。
6. 字与字组合后产生了新的意思。

三　学习形声字。
Study pictophonetic characters.

1. "管" "馆" 和 "官"

　　下列句子中有"管"字：

　　　　不管哪一种文字，最早都是从图画开始的。

　　　　不管春夏秋冬，他每天都要写2000多字。

　　这个"管"是竹字头，古代是一种用竹子做的乐器，现在"管"字有很多意思。

　　"管"字的发音是：

　　　❶ guǎn　　❷ guán　　❸ guǎn　　❹ guàn

我们以前学过"馆"字：

中午他通常在食堂或者饭馆吃饭。
我要去图书馆借书。
在旅游的季节，宾馆的房间要预订，要不然找不到地方住。

这个"馆"字是食字旁，古代指宾客食宿的地方。现在的意思比古代多了一些。

"馆"字的发音是：

❶ guān　　❷ guán　　❸ guǎn　　❹ guàn

"管"和"馆"有共同的部件"官"，这应该是一个声旁。"官"本身也是一个字，意思是政府的官员（government official），例如：

派出外交官参加联合国的会议。
那时他在南方当官，了解当地的情况。

"官"字的发音是：

❶ guān　　❷ guán　　❸ guǎn　　❹ guàn

2. "偏""篇""遍""编"和"扁"

课文中，下列句子中有"偏"字：

因为凡是笔画多的字都是先由笔画组成偏旁，再由偏旁组成汉字的。
容易一点儿的字，本身就是偏旁。而难一点儿的字，不过是这些偏旁的组合。

这个"偏"字是立人旁，是个多义字，最常见的意思是：不正（inclined to one side）。"偏旁"的"偏"也是这个意思。

"偏"字的发音是：

❶ piān　　❷ pián　　❸ piǎn　　❹ piàn

第1单元 汉字的故事　43

课文里还有一个"篇"字：

要是学会了这3500个汉字，你看一篇1000个字的文章，就只有5个汉字不认识。

这5个字对于理解这篇文章通常是不太重要的。

这个"篇"字是竹字头，最早的意思跟用竹子编的器具（a utensil weaved from thin bamboo strips）有关。这里是"文章"的量词。

"篇"字的发音是：

❶ piān   ❷ pián   ❸ piǎn   ❹ piàn

"偏"和"篇"有共同的偏旁"扁"，这应该是一个声旁，这个声旁也是一个汉字，发音是 piān。但当意思是"物体面大而体薄（flat）"时，发音是 biǎn。例如：

那个盒子不是方的，是扁扁的（a flat case）。

我们以前学过"遍"字，例如：

这篇课文我念了两遍。
第一遍没有听懂，就又听了一遍。

这个字是走之旁，最初的意思跟走路有关，这里是一个量词，指一个动作从头到尾的全过程。[（measure word for an action）once through, one time]

"遍"字的发音是：

❶ biān   ❷ bián   ❸ biǎn   ❹ biàn

猜一猜"编"字的意思和发音，例如：

当地的人会编草帽（weave a straw hat）。
为了提高学生的阅读水平，我们编了这本教材。

这个"编"字是"纟"旁，最初的意思是编织（to weave, to plait, to

braid），如第一个例句。后来有编辑（to edit, to compile）的意思，如第二个例句。

"编"字的发音是：

❶ biān　❷ bián　❸ biǎn　❹ biàn

四 学习构词法。
Study the word-formation.

1. 以前我们学过一个词"简单（simple）"，如：

这个字很简单，写起来并不复杂。

这一单元的课文中，又有两个带"简"字的词：

后来这些画儿逐渐被简化，变成了单线条的，……
这样，经过很多年不断地简化，就变成了现代的拼音文字。
1952年政府组织专家研究简化汉字，对一部分难写的汉字进行了简化。
简化后的汉字称为简体字。

这个"简"字的意思是：

❶ 简单　❷ 时间　❸ 简直　❹ 容易

掌握了"简"字的意思以后，还有一些带"简"字的词就很容易懂。例如：

书的前边有作者的简介。
这个方法很简便，大家一学就会。
首先他向我们介绍了那里的简况，然后介绍了他的计划。
北京大学简称北大。

猜一猜这些词的意思：

简介　（1）简单介绍　（2）简化汉字
简便　（1）简单方便　（2）时间很短
简况　（1）不知道的情况（2）简单的情况
简称　（1）简单的称呼　（2）曾经称呼

2. 课文《中国人为什么使用汉字》里有"限制"这个词：

　　由于口头语言受时间和空间的限制，人们就产生了把自己的话记录下来的想法。

这个词的意思是：范围被控制，不能……（restriction，limit），掌握了这个意思，还有一些带"限"字的词就很容易懂了。例如：

考试是限时的，两个小时必须交卷。
这个工作限期两个月完成。
这条路白天限速60公里。
每个人的时间都是有限的，不应该浪费。

猜一猜这些词的意思：

限时　（1）限制时间　（2）有时间
限期　（1）限制一个月　（2）限制日期
限速　（1）限制速度　（2）快一点儿
有限　（1）有限制　（2）有时间

五　指出左边的词是什么意思（在右边的解释前填上序号）。
Indicate the correct meaning of the words on the left（fill in the serial number before the right explanation）.

1. 捷径　☐ 不同方向的线条互相穿过

2. 交叉　☐ 这样

3. 如此　☐ 近路，能比较快地达到目的的方法

4. 抽象　☐ 用实物表示某一种意义

5. 象征　☐ 符合实际情况和要求

6. 合适　☐ 没有具体形象的，很难用眼、耳、手感觉到的，不容易明确理解的

六 根据构词法，将下列词分为10组。
Divide the following words into 10 groups according to the word-formation rules.

组合性	简化	图书馆	电灯	铅笔	覆盖率
现代	白菜	公牛	汉语	绿化	钢笔
错误率	整体性	饭馆	古代	英语	油灯
拼音化	重要性	青菜	母牛	近代	合格率
水牛	圆珠笔	体育馆	法语	油菜	台灯
黄牛	粉笔				

① _____

② _____

③ _____

④ _____

⑤ _____

⑥ _____

⑦ _____

⑧ _____

⑨ _____

⑩ _____

七 多义词辨析。
Polysemant discrimination.

1. 指出"单"在下列各句中的意思。
   Choose the definition of "单" in each sentence.

   单
   ① 一个，单一（one, single）
   ② 只（only）
   ③ 独自，单独（alone, single-handed）
   ④ 奇数（如1、3、5、7、9等）（odd）

   (1) 不能单从字面上来理解。（ ）
   (2) 这些画逐渐被简化，变成了单线条。（ ）
   (3) 这么多事情不能单靠我一个人。（ ）
   (4) 她到现在还是单身，没有结婚。（ ）
   (5) 你的电影票是单号还是双号？（ ）
   (6) 乒乓球比赛单打已经结束，双打开始了。（ ）
   (7) 那些白衣服放在一起洗，这件蓝的要单洗。（ ）
   (8) 单是技术好不行，还要有认真负责的工作态度。（ ）
   (9) 这条路只能往东开，是一条单行道（one-way street）。（ ）
   (10) 她觉得单眼皮不好看，双眼皮好看。（ ）

   （单眼皮：eyelids that do not have a distinct fold along the edges, single-fold eyelid）

2. 指出"不过"在下列各句中的意思。
   Choose the definition of "不过" in each sentence.

   不过
   ① 但是（but）
   ② 仅仅，只（only）
   ③ 程度高（used as an intensifier after an adjective）

   (1) 所有的汉字都不过是这些偏旁的交叉组合。（ ）
   (2) 这个字我们没有学过，不过这个字的两个组成部分我们都学

过了。（　　）

（3）如果他来，那再好不过了。（　　）

（4）我认识他，不过不太熟悉。（　　）

（5）不用谢，我不过做了一些我应该做的事。（　　）

（6）他的病好是好了，不过还不能上班。（　　）

（7）他们不过是一些十一二岁的小孩儿，做事情没有长性。（　　）

八 猜一猜下列谜语，谜底是一个汉字。
Guess the following riddles. The answer of each riddle is a Chinese character.

1. 一个人（　　　　）

2. 两个人（　　　　）

3. 三个人（　　　　）

六、难句理解

下列句子是什么意思？在正确解释后画"✓"，错误解释后画"✗"。
What are the meanings of the following sentences? Decide if each explanation is true (✓) or false (✗).

"好"在形容词前表示程度深，相当于"很""非常"。

1. 这个人好粗心（cūxīn careless）。

　　（1）这个人很好，但是很粗心。□

　　（2）这个人很粗心。□

　　（3）这个人喜欢粗心。□

2. 对面的公园好大好大。

　　（1）对面的公园很大。□

　　（2）对面的公园很好而且很大。□

　　（3）对面有很多大公园。□

第1单元 | 汉字的故事　49

3. 我好久没看到他了。

  （1）我很好，但是很长时间没见他。☐

  （2）我虽然很长时间不见他，但是我知道他很好。☐

  （3）我很长时间没看到他了。☐

"好"+不+形容词，表示肯定，也是"很"的意思。

4. 这件事搞得她好不烦恼（fánnǎo vexed）。

  （1）这件事她不烦恼。☐

  （2）这件事使她很烦恼。☐

  （3）这件事使她好，她不烦恼了。☐

5. 今天街上好不热闹（rènao bustling with noise and excitement）。

  （1）街上很热闹。☐

  （2）街上不热闹。☐

  （3）街上很好，不热闹。☐

但是"好容易"和"好不容易"是特殊情况，都表示"不容易"。

6. 我好容易才买到这本书。

  （1）我很容易买到这本书。☐

  （2）我很不容易才买到这本书。☐

  （3）我又好又容易地买到了这本书。☐

7. 我好不容易才见到他。

  （1）虽然好，但是不容易见到他。☐

  （2）很容易见到他。☐

  （3）很不容易才见到了他。☐

两次否定则表示肯定，是一种表示强调的方法。

8. 他病了，我不能不去看他。

   （1）我必须去看他。☐
   （2）我不能去看他。☐
   （3）我不去看他。☐

9. 这样的电影他没有一次不看的。

   （1）他一次也不看。☐
   （2）他每一次都看。☐
   （3）他有一次没看。☐

10. 这件事没人不知道。

    （1）人人都不知道。☐
    （2）没有人知道。☐
    （3）人人都知道。☐

11. 我不是不想去。

    （1）我不想去。☐
    （2）我不是，我不想去。☐
    （3）我想去。☐

有疑问代词"什么""谁""哪儿""哪""怎么""怎么样"的句子不一定是疑问句，有时候疑问代词在句中表示"任何（rènhé any, whichever, whatever）"的意思，通常后边有"也"或"都"。

12. 四处什么也看不见。

    （1）周围什么东西看不见？☐
    （2）周围看不见任何东西。☐
    （3）四处有一些东西看不见。☐

13. 谁都愿意帮你的忙。

    （1）谁愿意来帮你的忙呢？☐

(2) 有的人愿意，就请他来帮忙。☐

(3) 任何人都愿意帮你的忙。☐

14. 我哪儿也不去。

  (1) 我不去任何地方。☐

  (2) 我不去那儿。☐

  (3) 我去哪儿呢？☐

15. 你肯（kěn to be willing to）什么都拿出来吗？

  (1) 你肯拿出什么来呢？☐

  (2) 你肯拿出一些东西来吗？☐

  (3) 你肯把所有的东西都拿出来吗？☐

16. 哪一种马我都骑过。

  (1) 我骑过各种各样的马。☐

  (2) 我骑过那一种马。☐

  (3) 哪一种马是我骑过的？☐

17. 不管认识不认识，他见到谁都打招呼。

  (1) 见到每一个人他都打招呼。☐

  (2) 见到认识的人他都打招呼。☐

  (3) 他见到什么人打招呼？☐

18. 怎么说他也不肯来。

  (1) 为什么他不肯来。☐

  (2) 他不肯来，他怎么说？☐

  (3) 说任何理由，他都不肯来。☐

19. 你这儿要什么有什么，他那儿要什么没什么。

  (1) 你这儿任何东西都有，他那儿任何东西都没有。☐

  (2) 你有什么？他没有什么？☐

  (3) 你要什么比较重要，他要什么没有什么关系。☐

20. 我们哪一个也没去过那里。

    （1）我们有一个人没去过那里。☐

    （2）我们任何人都没去过那里。☐

    （3）哪一个人没去过那里？☐

21. 你上哪儿我都能找得着。

    （1）你去任何地方我都能找到你。☐

    （2）你去哪儿？我去找你。☐

    （3）你去哪儿，我也去哪儿。☐

第 2 单元

成长的故事

一、细读

孩子需要什么

儿子牛牛（Niúniu）10岁了。记得牛牛两岁半那年，有一天傍晚我去幼儿园接他回家，走过游乐场，牛牛要爬一座两米高的梯子，于是我就等在一边让他去玩儿。牛牛很快爬了上去，他骄傲地朝我笑，我也朝他挥挥手。

几分钟后牛牛在上面玩够了，四面看看想下来。我十分有兴趣地在下面看他如何下来。牛牛一只脚伸出来，很快又缩了回去，他朝我叫道："妈妈抱我下去！"我失望极了：他不勇敢！于是对他说："自己能上去就能下来。"他朝我伸着两只小手，可怜地说："我下不去。"我说："试试看，慢慢下。"他仍然不动。我犹豫了，是不是该上去抱他呢？说不定他会摔坏的。别的父母这种时候大概是要上去抱的，但我没动，有一个声音告诉我：他是男孩子！

牛牛开始哭了，我犹豫了一分钟，但终于告诉他："你如果自己下不来，今天就在上面坐一夜，妈妈决不上去抱你。"我竟然能够在儿子的大哭声中走出游乐场。那一刻我的心情混乱不堪，完全不知道自己的做法是正确还是错误，弄不清是在锻炼儿子还是在锻炼自己，慌得一头大汗。"如果儿子真的摔下来呢？……"我一走出牛牛的视线，就立刻躲在树后面看，心里紧张得不得了。万一牛牛出了事，我将永远不能原谅自己。

有趣的是，牛牛竟然不哭了，他真的认为妈妈走了，再没有依赖了。他犹豫了一会儿，试着下梯子，一点儿一点儿，小心翼翼的，终于从两米高的梯子上安全爬了下来。我几乎要欢呼了，冲过去，抱起儿子，在他的脸上亲了又亲，告诉他："你是个了不起的好孩子！"我知道自己做了一件正确的事。我还知道了，孩子究竟需要父母给他什么。

牛牛第一次打架，是在上小学后的第一个星期，他还不到6岁。那天他头破血流地回到家，把我吓坏了。我总是教育他要和小朋友们友好相处，可男孩子就是男孩子，"本性难移"。我被老师叫到学校才弄清楚，因为一个三年级的男同学抢女孩子的画笔，牛牛就伸出拳头来打抱不平，跟这个比他高一头的男孩子打架，才弄得头破血流。

牛牛第一次独立去姥姥家，是7岁。以前每个星期六都是我们带他走，先是乘地铁一号线，再换二号线，再换公共汽车，路程一个多小时。在高峰时，地铁站里人山人海，大人走一趟都十分辛苦。我不知道孩子什么时候可以独立行动，但我必须试试。那天我让他提了一个挺重的包，包里有带给姥姥吃的东西，再三嘱咐他到后就打电话来。我从阳台上望着他蹦蹦跳跳地上了大马路，心里就像打鼓一样。不是没听说过孩子被车撞，不是没听说过有人被推到地铁铁轨上，不是没听说过有的孩子被骗……所有最坏的情况我都想了一遍，一个多小时里我被自己吓得心惊肉跳。

很久之后终于听到了电话铃响，我迅速抓起电话，首先传来的是母亲的声音："你怎么能让孩子自己走这么远的路！太危险了！还提着那么重的东西！你胆子可真大！"我大大松了口气，问牛牛车上有没有人给他让座？牛牛说有，但他没坐。我问："为什么不坐？"他说让的不是地方，我问坐哪，他说是一个阿姨叫他坐在她的腿上。我笑了，其实儿子的自我感觉比我们想象的要好得多。

生词

幼儿园	n.	yòu'éryuán	kindergarten
游乐场	n.	yóulèchǎng	pleasure ground
梯子	n.	tīzi	ladder, stepladder
于是	conj.	yúshì	thereupon, hence
骄傲	adj.	jiāo'ào	proud, conceited
挥	v.	huī	to wave, to wield
挥手		huī shǒu	to wave, to wave one's hand
伸	v.	shēn	to extend, to stretch
缩	v.	suō	to draw back, to contract
失望	v.	shīwàng	to lose hope
勇敢	adj.	yǒnggǎn	brave, courageous, fearless
可怜	adj.	kělián	pitiable
犹豫	adj.	yóuyù	hesitating
说不定	adv.	shuōbudìng	perhaps, maybe, can't say for sure

终于	adv.	zhōngyú	at last, in the end, finally
决不	adv.	juébù	never, absolutely (definitely) not
混乱不堪		hùnluàn bùkān	to reach the height of confusion
慌	adj.	huāng	flustered, panic
汗	n.	hàn	sweat
视线	n.	shìxiàn	line of vision, view, line of sight (in surveying)
躲	v.	duǒ	to hide (oneself)
不得了		bù déliǎo	(of degree) extreme, exceeding, (of situations) terrible
万一	conj.	wànyī	just in case, if by any chance
出了事		chūle shì	to have an accident
原谅	v.	yuánliàng	to forgive, to pardon, to excuse
有趣	adj.	yǒuqù	interesting, fascinating
依赖	v.	yīlài	to rely on, to be dependent on
小心翼翼		xiǎoxīn yìyì	with the greatest care
欢呼	v.	huānhū	to cheer, to acclaim, to hail
亲	v.	qīn	to kiss
了不起	adj.	liǎobuqǐ	extraordinary, amazing, terrific
打架		dǎ jià	to come to blows, to fight
头破血流		tóu pò xuè liú	one's head is covered with bumps and bruises
吓坏		xià huài	to be terribly frightened
相处	v.	xiāngchǔ	to get along (with one another)
本性难移		běnxìng nán yí	It's difficult to alter one's nature.
拳头	n.	quántou	fist
打抱不平		dǎ bàobupíng	to interfere on behalf of the injured party
独立	adj.	dúlì	independent
姥姥	n.	lǎolao	maternal grandmother
乘	v.	chéng	to ride, to mount, to make use of vehicle
路程	n.	lùchéng	distance travelled
高峰	n.	gāofēng	peak, height

一趟		yí tàng	once, one time
再三	adv.	zàisān	over and over again, repeatedly
嘱咐	v.	zhǔfù	to enjoin, to exhort, to urge
阳台	n.	yángtái	balcony
蹦蹦跳跳		bèngbèng tiàotiào	bouncing and vivacious
打鼓		dǎ gǔ	to beat a drum, to feel uncertain, to feel nervous
铁轨	n.	tiěguǐ	rail
心惊肉跳		xīn jīng ròu tiào	to palpitate with anxiety and fear
松了口气		sōngle kǒu qì	to relax, to have a breathing spell
让座		ràng zuò	to offer one's seat to sb., to yield a seat
阿姨	n.	āyí	aunt (form of address for a woman of one's parents' generation)
想象	v.	xiǎngxiàng	to imagine

一 根据课文判断下列理解是否正确，如果正确就画"✓"，如果错误就画"✗"。
Decide whether the following statements are true (✓) or false (✗) according to the text.

1. 牛牛两岁半时白天在幼儿园，晚上在家里。☐
2. 这位母亲叫儿子爬梯子。☐
3. 没有别人帮助，牛牛自己爬上了梯子。☐
4. 牛牛不知道怎么下来，他要求妈妈告诉他。☐
5. 这位母亲没有办法把儿子抱下来。☐
6. 为了让儿子自己从梯子上下来，这位母亲离开了游乐场。☐
7. 母亲走后，牛牛不知道怎么办，开始大哭起来。☐
8. 这位母亲离开以后，心里很紧张，害怕儿子摔下来。☐
9. 后来别人把牛牛抱了下来。☐

10. 牛牛自己下了梯子，母亲觉得儿子很了不起。☐

11. 牛牛上学不久就跟人打架。☐

12. 跟牛牛打架的孩子比牛牛小。☐

13. 牛牛的母亲总是教孩子不要跟别人打架。☐

14. 牛牛的姥姥家很远，坐车要一个多小时，路上要换几次车。☐

15. 牛牛8岁时自己一个人去姥姥家。☐

16. 牛牛走了以后，他妈妈心里很害怕，害怕儿子在路上出事。☐

17. 牛牛在去姥姥家的路上很安全，没有遇到问题。☐

18. 牛牛到姥姥家后，忘了给妈妈打电话。☐

19. 牛牛的姥姥对女儿不满意。☐

20. 牛牛的妈妈觉得自己做得对。☐

二 **指出下列变色字是什么意思。**

Choose the best definitions for the following words and phrases in color.

1. 我十分有兴趣地在下面看他<u>如何</u>下来。
   - ☐ A. 如果
   - ☐ B. 怎样
   - ☐ C. 慢慢地

2. 我<u>几乎</u>（jīhū）要欢呼了，冲过去，抱起儿子……
   - ☐ A. 好像
   - ☐ B. 几次
   - ☐ C. 差不多

3. 在<u>高峰</u>时，地铁站里人山人海，大人走一趟都十分辛苦。
   - ☐ A. 上下班人最多的时候
   - ☐ B. 在很高的地方
   - ☐ C. 在最高的山上

4. 在高峰时，地铁站里 人山人海，大人走一趟都十分辛苦。

　　　　☐ A. 要经过山和海
　　　　☐ B. 人非常多
　　　　☐ C. 人能看到山和海

三 指出下列词组或句子是什么意思。
Choose the best definitions for the following phrases and sentences.

1. （我从阳台上望着他蹦蹦跳跳地上了大马路，）心里就像打鼓一样。

　　　　☐ A. 心里很紧张
　　　　☐ B. 心里很高兴
　　　　☐ C. 心里很愉快

2. 不是没听说过孩子被车撞……

　　　　☐ A. 没听说过孩子被车撞
　　　　☐ B. 听说过孩子被车撞
　　　　☐ C. 不是听说，是看见孩子被车撞

四 重点词语举例。
More examples for the key words.

1. 于是

　　课文中：牛牛要爬一座两米高的梯子，于是我就等在一边让他去玩儿。

　　更多的：她叫我去，于是我就去了。
　　　　　晚上要下雪，于是他们提前回来了。
　　　　　书架上放满了书，于是我把词典放在桌子上了。

2. 说不定

　　课文中：我犹豫了，是不是该上去抱他呢？说不定他会摔坏的……

　　更多的：她说很快就会回来，说不定现在已经回来了。
　　　　　小张没有来，说不定他又病了。

再等几天吧，说不定明天天气就好了。

3. 不得了

课文中：我一走出牛牛的视线，就立刻躲在树后面看，心里紧张得不得了。

更多的：这本书难得不得了，很多人都看不懂。
那个地方夏天热得不得了，你千万别去。
房间的窗户对着热闹的马路，一天到晚吵得不得了。

4. 万一

课文中：万一牛牛出了事，我将永远不能原谅自己。

更多的：万一他忘了呢？还是打电话提醒他一下吧。
万一电脑有什么问题，你可以找他帮忙。
鞋应该由他自己来买，你给他买，万一不合脚呢？

5. 再三

课文中：那天我让他提了一个挺重的包，包里有带给姥姥吃的东西，再三嘱咐他到后就打电话来。

更多的：老师再三说考试的时间提前了一天，可他还是忘了。
经过再三考虑，我决定不去旅行了。
虽然我再三解释，但他们还是不明白。

6. 终于

课文中：很久之后终于听到了电话铃响……

更多的：辛苦工作了5天，终于到了周末。
找了半天，最后终于找到了。
吃了很多药，休息了两个月，他的病终于好了。

二、通读

（一）我的十五岁生日

字数：1340　　阅读时间：11分钟

15岁，我还是一名初中生。生日那天，我突然决定独自去南京姐姐那儿。姐姐在南京大学当老师。就像《那一年我17岁》那首歌唱的一样："背起行李，穿起那条发白的牛仔裤，告诉妈妈我想离家出游几天。"说走就走，当天，我就买了车票上了火车。坐在车里，对外挥挥手，虽然车窗外的人我都不认识。列车员笑了起来，我涨红了脸，心想："有什么可笑的？"

火车开动了，站台上的人慢慢地向后移。"呜——"火车越开越快，带着我的15岁生日奔向远方。

虽然出发前没少给自己鼓励，但第一次独自出远门，面对着陌生的情景、陌生的脸庞和陌生的声音，心里还是不安，竟然想起温暖的家、想起爸爸妈妈……

我不是15岁了吗？不应该那么想家，不应该那么依赖爸爸妈妈啦！

在火车上，我想了好多好多。直到火车停下来，我才知道已经到了南京。东瞧瞧，西望望，很多人都有亲属迎接，当然没有人来接我，我只好背起行李——一个书包，跟在人流后边往出口处走。快到出口处时，我伸手到口袋里去拿钱包，因为我的火车票在钱包里。突然我傻了，口袋里空空的，什么也没有。钱包呢？我找遍了所有的口袋，没有。书包里也没有。是被小偷偷走了还是我自己弄丢了，我一点儿也想不起来。我真的心慌了，眼泪都快要流出来了。怎么办？我呆呆地站了一会儿，只好走到出口处检票员面前，甜甜地——尽可能甜甜地说："阿姨，我的票找不到了。"她能相信我吗？我的头上冒出了冷汗。

"走吧。"她说。

真的？我可以走了？这么顺利？我还没明白过来，就被人流推向了门外。我糊里糊涂地走着，忽然大声说："谢谢你，阿姨！"虽然她听不见。

出了车站才看到天气不太好，好像要下雨，风吹过来，有点儿冷。这儿离南京大学还有一些路，得坐公共汽车。汽车来了，我跟着人们上了车。

"上车的乘客请买票。"售票员大声说。我在人群中伸出脑袋,问:"多少钱?"

"一块。"

我又把手伸到口袋里,这才想起钱包已经丢了,身上连一分钱也没有。我只好拍拍前面一个人的背,说:"对不起,您有钱吗?"

她转过脸来,很和气、很年轻,好奇地看看我。我涨红了脸,可怜巴巴地说:"只要一块钱。"她二话没说,拿出一块钱给我,又轻轻地嘱咐:"下次出门注意带钱。"我点了点头。

汽车开到南京大学附近的时候天已经黑了。我跳下车,看看四周,街上很热闹,两旁挤满了卖东西和买东西的人们。这地方四五年前我跟着姐姐来过一次,但现在跟过去不一样了,我已经完全不记得去南大怎么走。但我一点儿也不心慌,我不是有一张嘴吗?可以问别人。于是我走到一个小伙子面前问:

"先生,去南京大学怎么走?"他很耐心地告诉了我。

我点头说:"谢谢。"

"不谢。"他愉快地回答。

快到南大的时候,我的心跳加快了。跟姐姐见面后第一句话说什么呢?她一定会很吃惊。走进学校,我才发现好像来到了另一个世界,这儿好静呀!上哪儿找我的姐姐?这时对面走过来一位像老师的姑娘,我走上去说:"请问,你认识李菲(Lǐ Fēi)吗?"

她眼睛上上下下打量了我一番说:"你是她的妹妹吧?"

嗨,有门儿!

"她看电影去了。"

我忘了今天是星期六。

"你一个人来的?"

我得意地笑了。

"不简单。"她说:"我和你姐姐是邻居,先到我的宿舍坐坐吧。"于是我到了她的宿舍。

晚上9点多钟,我才见到姐姐,她问的第一句话是:"爸爸妈妈知道你到我这儿来吗?"

这就是我的15岁生日。15岁,永远难忘!

生词

独自	adv.	dúzì	alone, by oneself
发白		fā bái	to fade (in color)
列车员	n.	lièchēyuán	attendant on a train
涨红脸		zhàng hóng liǎn	one's face flushed scarlet
开动	v.	kāidòng	to start, to set in motion, to move
站台	n.	zhàntái	railway platform, platform
后移		hòu yí	to move backward
呜	onom.	wū	toot, hoot
奔向		bēn xiàng	to rush towards
出远门		chū yuǎnmén	to leave home for a long journey
鼓励	v.	gǔlì	to encourage
陌生	adj.	mòshēng	strange, unfamiliar
情景	n.	qíngjǐng	scene, sight, circumstances
不安	adj.	bù'ān	uneasy, intranquil, unpeaceful
瞧瞧	v.	qiáoqiao	to take a look
望望	v.	wàngwang	to take a look
亲属	n.	qīnshǔ	kinsfolk, relatives
迎接	v.	yíngjiē	to meet, to welcome
人流	n.	rénliú	stream of people
傻	adj.	shǎ	muddle-headed, stupid, foolish
心慌		xīn huāng	to be flustered
眼泪	n.	yǎnlèi	tear
呆呆地		dāidāi de	blankly
检票员	n.	jiǎnpiàoyuán	ticket inspector
甜甜地		tiántián de	pleasedly
尽可能		jìn kěnéng	to the best of one's ability
冒冷汗		mào lěnghàn	to perspire cold sweat with (fear, anxiety, etc.)

顺利	adv.	shùnlì	smoothly, successfully
糊里糊涂	adj.	húlihútu	muddle-headed
乘客	n.	chéngkè	passenger
售票员	n.	shòupiàoyuán	ticket seller, conductor
人群	n.	rénqún	crowd
脑袋	n.	nǎodai	head, brain, mind
拍	v.	pāi	to pat
和气	adj.	héqi	kind, polite, friendly
好奇	adj.	hàoqí	curious
可怜巴巴		kělián bābā	pitifully
下次		xià cì	next time
点头		diǎn tóu	to nod, to nod one's head, to agree
热闹	adj.	rènao	lively, bustling with noise and excitement
挤	v.	jǐ	to crowd, to justle, to squeeze
耐心	adj.	nàixīn	patient
吃惊		chī jīng	to be surprised, to be startled
打量	v.	dǎliàng	to look sb. up and down
嗨	int.	hāi	hey (used to call attention or to express surprise)
得意	adj.	déyì	pleased with oneself
邻居	n.	línjū	neighbour
难忘	adj.	nánwàng	unforgettable, memorable

一 根据课文判断下列理解是否正确，如果正确就画"√"，如果错误就画"×"。
Decide whether the following statements are true (√) or false (×) according to the text.

1. 这个中学生15岁生日那天是星期六。☐

2. 15岁了，不应该那么依赖父母，所以她一路上没有想家。☐

3. 她是坐火车去南京的。☐

4. 到了南京，她发现钱包丢了。☐

5. 在出口处她很害怕，因为她没有买票。☐

6. 她能够顺利走出火车站，是因为检票员相信她。☐

7. 她说："谢谢你，阿姨。"检票员说："不谢。"☐

8. 从火车站出来，她上了公共汽车。☐

9. 她问公共汽车售票员"多少钱"是想买票。☐

10. 她向一个年轻女士要了一块钱。☐

11. 那个年轻女士给了她一块钱，但是不太高兴。☐

12. 下了公共汽车，她不知道去南京大学怎么走。☐

13. 因为不认识路，她有点儿心慌。☐

14. 南京大学里面也很热闹。☐

15. 她姐姐去看电影了，姐姐的邻居帮助了她。☐

16. 见到姐姐以后，她给爸爸妈妈打了电话。☐

17. 作者是一个男孩子。☐

二 指出下列变色字是什么意思。
Choose the best definitions for the following words and phrases in color.

1. 当天，我就买了车票上了火车。

    ☐ A. 第二天
    ☐ B. 同一天
    ☐ C. 马上

2. 我还没明白过来，就被人流推向门外。

    ☐ A. 走过来
    ☐ B. 由不明白到明白
    ☐ C. 来了

3. 她二话没说，拿出一块钱给我。

☐ A. 没有说第二句话
☐ B. 两个人都没有说话
☐ C. 没有犹豫，马上就……

三 指出下列词组或句子是什么意思。
Choose the best definitions for the following phrases and sentences.

1. 说走就走

    ☐ A. 马上就走
    ☐ B. 说了以后就走
    ☐ C. 一边说一边走

2. 出发前没少给自己鼓励

    ☐ A. 出发前对自己鼓励不够
    ☐ B. 出发前没有鼓励自己
    ☐ C. 出发前给自己很多鼓励

3. 有什么可笑的？

    ☐ A. 不可笑，不应该笑
    ☐ B. 是什么使人发笑？
    ☐ C. 笑什么人呢？

4. 口袋里空空的，什么也没有。

    ☐ A. 口袋里有什么？
    ☐ B. 口袋里没有任何东西
    ☐ C. 没有口袋

5. 东瞧瞧，西望望。

    ☐ A. 看看东西两个方向
    ☐ B. 从东边看看，从西边看看
    ☐ C. 看看这里，看看那里

6. 我不是有一张嘴吗？

☐ A. 我不仅仅有一张嘴。
☐ B. 我只有一张嘴。
☐ C. 我有嘴可以问人。

7. 嗨，有门儿！

☐ A. 发现了门
☐ B. 有希望
☐ C. 到了门口

四 重点词语举例。
More examples for the key words.

1. 鼓励……

   课文中：出发前没少给自己鼓励……

   更多的：孩子有了进步，爸爸妈妈就鼓励他做得好。
   得到大家的鼓励，他对自己更有信心了。
   老师常常鼓励学生说："你们一定能学好汉语。"

2. 尽可能

   课文中：只好走到出口处检票员面前，甜甜地——尽可能甜甜地说："阿姨，我的票找不到了。"

   更多的：今天晚上我尽可能早点儿回来吃晚饭。
   上下班高峰的时候人很多，你尽可能不要在这时候上街。
   快要迟到了，她叫司机尽可能把车开得快一点儿。

3. 顺利

   课文中：我可以走了？这么顺利？我还没明白过来，就被人流推向了门外。

   更多的：医生说手术（surgical operation）进行得很顺利。
   高中毕业后，他顺利地考上了大学。
   虽然遇到过一些小麻烦，但总的来说很顺利。

4. 拍

　　课文中：我只好拍拍前面一个人的背，说："对不起，您有钱吗？"

　　更多的：他轻轻地在我肩（jiān shoulder）上拍了一下。
　　　　　　我拍拍书包告诉他："你要的书我带来了。"
　　　　　　我们都拍手表示欢迎。

5. 耐心

　　课文中："先生，去南京大学怎么走？"他很耐心地告诉了我。

　　更多的：孩子有时候不听话，我们要有耐心。
　　　　　　现在还不知道他什么时候来，我们需要耐心等待。
　　　　　　对学得慢的孩子，他有时候比较着急，不够耐心。

6. 吃惊

　　课文中：跟姐姐见面后第一句话说什么呢？她一定会很吃惊。

　　更多的：听说她离婚了，我们都很吃惊。
　　　　　　他吃惊地问："你怎么又回来了？"
　　　　　　突然有一个人跑到铁路上，火车司机大吃一惊。

（二）成长的烦恼

字数：2200　　阅读时间：18分钟

　　13岁的儿子，刚上初一不到两个月，我就意外地得知，他竟然有了女朋友！告诉我这个消息的，不是老师，而是儿子女朋友的母亲。

　　那是一个周六的下午，儿子去了学校。我在家中接到一个陌生女士的电话："我也不知怎么说好，我女儿于丽芬（Yú Lìfēn）是你儿子的同学。"

　　一种不安的感觉在我心头出现，我觉得儿子强强（Qiángqiang）大概是有什么事了。

　　果然，于丽芬的母亲告诉我，强强在追求于丽芬。她在一个月前就发现女儿有点儿神神秘秘的，不太对头。她觉得女儿一定有事瞒着自己，就偷偷地翻看女儿上了锁的抽屉，找到了女儿的日记，在抽屉的一本杂志里还夹着强强写给她的信。

那本日记和信她都看了，可以清楚地证实两个孩子彼此爱慕，而且是强强主动。于丽芬的母亲还告诉我，她已经和女儿反复谈过，可女儿认为母亲不该偷看她的日记和信，很生气，说什么也听不进去。现在只能给我打电话，希望我能劝阻自己的儿子。

听到这个消息，我又惊又气又着急。考虑再三，我打通了青少年心理辅导热线电话。经过咨询后，我认识到进入青春期的孩子对异性产生爱慕之心是非常正常的，但是13岁谈恋爱实在是太早了，他们其实还不懂得爱情，所以我应该让儿子自己认识到青苹果不能过早采摘。

昨天，于丽芬说今天去学校，可她母亲发现，她的女儿和强强去了植物园。于丽芬的母亲认为如果强强主动退出，对两个孩子都是好事，所以又找我联系。我也觉得最重要的是让两个孩子走出早恋的误区。我们两个母亲都很着急，商量后决定：尽最大的努力管好自己的孩子，并经常了解孩子的想法。

话虽这么说，可是我该如何对强强说呢？强强从小自尊心就强，如果直接问他与于丽芬的事，他很可能不承认。那就像于丽芬一样，说什么都听不进去了。我赶紧跟出差在外的老公和平日最好的朋友张红梅（Zhāng Hóngméi）分别通了电话，最后决定请张红梅帮一个忙，让儿子走出这个"美丽的错误"。

那一天我到家不一会儿，强强就回来了。我像平时一样做饭吃饭。刚吃完晚饭，电话铃响了。我拿起电话："谁呀？张红梅呀。怎么想起给我打电话了？哪儿都没去，做家务、买东西。什么？植物园，不可能，今天强强去学校了。"说着，我看了儿子一眼，能看出来，正看电视的他，听到植物园，脸都红了。

我继续跟张红梅聊天儿："早恋？不可能。我家强强能那么糊涂？那倒是，你说孙浩（Sūn Hào）要是早点儿告诉孩子这个道理，也不会这样了。多可惜呀。行，过几天咱们再聊。"

我放下电话，强强问："是谁呀？"我说："是红梅阿姨。她说下午在植物园看见你了。"儿子的脸又红了，犹犹豫豫地说："我是和同学去植物园了。"我心里又惊又喜，惊的是儿子居然肯承认，喜的是他还没有撒谎。我说："跟同学一起出去也很正常啊。"儿子吃惊地望着我，过了一会儿才突然问："那您刚才说孙浩什么的，是怎么回事？"

我告诉儿子，孙浩是我们的一个同学。他的儿子上中学时可棒了，可是初二那年，不知怎么的喜欢上了一个女生。据说那女生学习也挺好的，后来老师找了双方家长，家长肯定得反对呀。可能是家长的方式不对，不但没让孩子明白早恋的害处，反而是家长越反对，他们越要在一起。这事使两个孩子学习受到很大影响，很长时间他们都没有心思学习。升高中的考试他们当然没考好，男孩去了一所不太好的高中，女孩考上了另一所高中。人长大些了，考虑的问题也多了，那女孩很后悔，提出做普通朋友。男孩问为什么，女孩说，你不觉得咱们的恋爱影响了我，也影响了你的发展吗？后来这个女孩为了躲开男孩，转学到郊区上了一所住宿学校，听说后来考上了一所好大学。孙浩的儿子高中毕业后没考上大学，就在一家超市工作。这不，他爸爸妈妈一看见我们这些老同学，就警告我们，一定要多关心孩子，尤其是不要让孩子早恋。所以红梅阿姨一看见你们就来提醒妈妈。

"您的意思是说，早恋都没好结果？"儿子有些怀疑。我说："其实人生也是有季节的，在哪个季节做哪个季节的事。如果苹果还没有成熟就把它摘下来，那样的青苹果你说能吃吗？假如你现在谈恋爱，妈妈现在退休，是不是太早了？你们班有没有早恋的？"

儿子有点儿不自然地说："应该有吧。您说，这种事要是被老师、家长知道了，还不以为他们是坏孩子？"

我说，别人我不知道。要是我的话，我就告诉孩子，在这个年龄对女生产生好感是正常的，但是要产生真正的爱情，是不可能的，因为还没到成熟的季节。再说，什么事情都应该进行比较，刚上中学的孩子怎么就知道这个人是最适合的呢？不过，如果是个明白孩子，这种事情一说就明白了；如果换成个糊涂孩子，可能就特别反感，那家长可就得费心了。

强强看看我，突然问："妈妈，您是不是知道了？"我犹豫了一下，肯定地点点头："妈妈想，也许你不愿意让我们知道。其实这种事情，爸爸妈妈可以给你一些帮助的……"儿子打断我的话："其实我也说不清楚自己是怎么回事。我数学学得好，她英语学得好，我们俩常在一起讨论学习方面的问题，互相帮助。她聪明、漂亮，慢慢地我就喜欢上了她。我觉得和她在一起，干什么都挺兴奋，可我们在一起时也提心吊胆的。您说我们还能做好朋友吗？"

我心里很高兴，赶紧告诉儿子，朋友越多越好。"儿子这么明白，妈妈就放心了。你最好能和她保持好同学、好朋友的关系，这样对两个人都有好处。"儿子点点头,说自己会处理好。我说我相信我的儿子能处理好。如果做起来有麻烦,还可以和我们商量。

两天后,儿子告诉我,他把问题解决了。

问题就这样解决了,我放下了心,没有问儿子到底和于丽芬谈了些什么。

生词

成长	v.	chéngzhǎng	to grow up
烦恼	adj.	fánnǎo	vexed, annoyed
意外	adj.	yìwài	unexpected, unforeseen
竟然	adv.	jìngrán	to one's surprise, unexpectedly
果然	adv.	guǒrán	really, indeed, as expected
追求	v.	zhuīqiú	to woo, to court, to go after
神秘	adj.	shénmì	mysterious, mystical
不对头		bú duìtóu	incorrect, abnormal, queer
瞒	v.	mán	to hide the truth from, to deceive
偷偷地		tōutōu de	secretly, covertly, on the sly
翻看	v.	fānkàn	to leaf through
锁	n./v.	suǒ	lock, padlock; to lock (up), fasten
抽屉	n.	chōuti	drawer
日记	n.	rìjì	diary, journal
夹	v.	jiā	to place in between
证实	v.	zhèngshí	to confirm, to authenticate
异性	n.	yìxìng	opposite sex
爱慕	v.	àimù	to adore, to admire, to be attached to
谈恋爱		tán liàn'ài	to be in love with each other
彼此	pron.	bǐcǐ	each other
主动	adj.	zhǔdòng	initiative
反复	adv.	fǎnfù	repeatedly, again and again
偷看		tōu kàn	to steal a glance, to peep

劝阻	v.	quànzǔ	to dissuade sb. from…
辅导	v.	fǔdǎo	to coach, to tutor, to guide
热线电话		rèxiàn diànhuà	hot line
咨询	v.	zīxún	to seek advice from, to consult
青春期	n.	qīngchūnqī	puberty
采摘	v.	cǎizhāi	to pluck, to pick
植物园	n.	zhíwùyuán	botanical garden
退出	v.	tuìchū	to withdraw from, to quit
误区	n.	wùqū	long-standing mistaken idea (concept)
自尊心	n.	zìzūnxīn	self-respect
承认	v.	chéngrèn	to admit
老公	n.	lǎogōng	husband
道理	n.	dàoli	sense, reason
可惜	adj.	kěxī	regrettable
撒谎		sā huǎng	to lie, to tell a lie
棒	adj.	bàng	good, excellent
据说	v.	jùshuō	it is said, they say
害处	n.	hàichu	harm
心思	n.	xīnsi	thought, idea, mind
后悔	v.	hòuhuǐ	to regret, to repent
转学		zhuǎn xué	to transfer from one school to another
警告	v./n.	jǐnggào	to warn, to remind; caution, admonishment, warning
提醒	v.	tíxǐng	to remind, to warn, to call attention to
成熟	adj.	chéngshú	mature, ripe
好感	n.	hǎogǎn	good opinion, favorable impression
再说	conj.	zàishuō	what's more, besides
反感	n./adj.	fǎngǎn	dislike, disgust; repugnant
费心		fèi xīn	to give a lot of care, to take much trouble

打断（……的话）		dǎ duàn (……de huà)	to interrupt, to cut short
兴奋	adj.	xīngfèn	elated, excited
提心吊胆		tí xīn diào dǎn	to have one's heart in one's mouth
放心		fàng xīn	set one's mind at rest, have confidence in

一 根据课文判断下列理解是否正确，如果正确就画"√"，如果错误就画"×"。
Decide whether the following statements are true (√) or false (×) according to the text.

1. 老师知道了强强和于丽芬谈恋爱。☐

2. 于丽芬的母亲偷看了女儿的日记和信。☐

3. 于丽芬的母亲给强强的母亲打电话是因为她没有办法劝阻自己的女儿。☐

4. 听到儿子谈恋爱的消息，强强的母亲不但很生气，而且很着急。☐

5. 强强的母亲首先给强强的爸爸打了电话。☐

6. 通过青少年心理辅导热线电话，她知道青春期的孩子对异性产生爱慕之心是非常正常的。☐

7. 张红梅给她打电话的内容是她们事先商量好的。☐

8. 强强和于丽芬去植物园的那天，正好张红梅也在植物园。☐

9. 强强的母亲批评儿子跟同学去植物园。☐

10. 她用孙浩儿子的事情来告诉强强不应该早恋。☐

11. 妈妈没有批评儿子，而是告诉儿子恋爱太早会有什么结果。☐

12. 强强告诉母亲他为什么喜欢于丽芬。☐

13. 强强接受了母亲的劝告。☐

14. 强强决定以后不跟于丽芬来往了。☐

15. 强强的母亲想要帮助儿子处理这个问题。☐

16. 最后强强的母亲认为事情解决得很好。☐

二 指出下列变色字是什么意思。
Choose the best definitions for the following words and phrases in color.

1. 我就意外地得知，儿子竟然有了女朋友。
    - ☐ A. 得到
    - ☐ B. 告诉
    - ☐ C. 知道

2. 进入青春期的孩子，对异性产生爱慕之心是非常正常的。
    - ☐ A. 对方的
    - ☐ B. 不同的、不一样的人
    - ☐ C. 女的

3. 所以我应该让儿子自己认识到青苹果不能过早采摘。
    - ☐ A. 太早
    - ☐ B. 很早
    - ☐ C. 早一点儿过去

4. 一定要多关心孩子，尤其是不要让孩子早恋。
    - ☐ A. 可能
    - ☐ B. 其他
    - ☐ C. 特别，更加

5. 儿子有点儿不自然地说："应该有吧……"
    - ☐ A. 紧张、不好意思
    - ☐ B. 不高兴、生气
    - ☐ C. 不流利

三 指出下列词组或句子是什么意思。
Choose the best definitions for the following phrases and sentences.

1. 说什么也听不进去。
    - ☐ 不愿意接受别人的意见

☐ 不愿意进去
☐ 不愿意说，不愿意听

2. 那倒是（，你说孙浩要是早点儿告诉孩子这个道理，也不会这样了。）

☐ 那是相反的
☐ 那不是
☐ 确实是那样

3. 可是初二那年，不知怎么的喜欢上了一个女生。

☐ 可是初二那年，不知道怎么样喜欢一个女生。
☐ 可是初二那年，不知道为什么喜欢上了一个女生。
☐ 可是初二那年，不知道怎么喜欢上面的一个女生。

四 重点词语举例。
More examples for the key words.

1. 烦恼

   课文中：成长的烦恼

   更多的：女朋友跟他吵架，让他很烦恼。
   每个人都会有一些烦恼的事，我也一样。
   不要为小事烦恼，我们一起去玩儿吧。

2. 果然

   课文中：果然，于丽芬的母亲告诉我，强强在追求于丽芬。

   更多的：昨天预报有小雨，今天果然下起雨来了。
   吃了药睡了一觉以后，他的病果然好了。
   我觉得他今天会来，下午他果然来了。

3. 夹

   课文中：在抽屉的一本杂志里还夹着强强写给她的信。

   更多的：他把照片夹在一本书里。
   他学会了用筷子夹菜。

第 2 单元 | 成长的故事　77

我的手指头被门夹了一下。

4. 不对头

   课文中：她在一个月前就发现女儿有点儿神神秘秘的，不太对头。

   更多的：他觉得汽车的声音不对头，赶紧把车停了下来。

   他们两个最近不太对头，见了面都不说话。

   他学得不好，老师说他的方法不对头。

5. 主动

   课文中：于丽芬的母亲认为如果强强主动退出，对两个孩子都是好事。

   更多的：他常常主动地帮助别人。

   由于他工作很主动，老板对他很满意。

   走到门口，我主动地出示了证件。

6. 提醒

   课文中：所以红梅阿姨一看见你们就来提醒妈妈。

   更多的：我提醒他不要忘了给妈妈打电话。

   路上车很多，我提醒他车开得慢一点儿。

   要不是你提醒我，我可能就忘了。

三、中国文化点滴

（一）在通读课文《我的十五岁生日》中，那位中学生下了火车以后找不到火车票，她在出口处对检票员说："阿姨，我的票找不到了。"

问：她为什么叫检票员为"阿姨"？

答：（1）检票员是她妈妈的妹妹。☐
（2）检票员是她妈妈的姐姐。☐
（3）表示对检票员的礼貌和尊敬。☐
（4）她认识这位检票员。☐

在中国，孩子们用表示亲属关系的称呼来叫成年人。通常与爷爷奶奶年龄差不多的人被称为"爷爷""奶奶"，与父母年龄差不多的人被称为"叔叔""阿姨"。这表示对对方的礼貌与尊敬。所以，第三个答案正确。

（二）在公共汽车上，那位中学生前面的年轻妇女拿出一块钱给她，并且说："下次出门注意带钱。"

问：她这样说是什么意思？

答：（1）关心这位陌生的中学生。☐
　　（2）因为拿出一块钱，所以不高兴。☐
　　（3）不喜欢这个中学生。☐
　　（4）要中学生以后还她一块钱。☐

如果要劝告别人或者给别人建议，汉语的表达方式通常比较直接，常用"应该""不应该""要""不要"等。这里的"注意"也是这样。用这些词并不是态度不好或者不客气，态度要看说话人的语气语调。从上下文看，这句话说得很和气，那就表示对这位中学生的关心，所以，第一个答案正确。

四、略读

（一）

字数：280　　第三次阅读时间：1分钟

这几年，我们常常在路上看见小学生们背着大书包去上学。他们的书包真是太重了。据调查，一个刚刚入学的小学生，第一学期光交书本费就得100多块钱，发书20多本，再加上《生字》、《普通话音节》、《游戏》学习卡片、《课外活动》、《课外阅读》等辅助教材，就有近30种。几十本书加上作业本和文具盒之类的东西，共有五六斤重，有些家长不忍心六七岁的孩子背这么重的书包，只好上学送，放学接。

不仅家长有意见，连老师也过意不去。她们说，低年级小学生的阅读和理解能力还很差，过去只发《语文》、《数学》等几本书，现在发这么多书，让学生在一个学期内学完，这根本不可能。但这是一个社会问题，老师们也没有办法。

1. 这篇文章的内容是关于：（　　）

   This passage is about...:

   （1）小学生的情况
   （2）中学生的情况
   （3）老师们的情况
   （4）买书的情况

2. 本文主要讲的是：（　　）

   Choose the statement which best expresses the main idea of the passage：

   （1）小学生要读的书很多
   （2）小学生的阅读水平提高了
   （3）小学生的书包太重了
   （4）小学生喜欢看的书

3. 本文讲到以下内容：（　　）

   The passage contains the following contents：

   （1）在路上可以看到小学生背着大书包
   （2）小学生每天要读20多本书
   （3）刚上学的小学生有几十本书
   （4）因为书包太重，所以家长送孩子上学
   （5）老师说书包重一点儿没关系
   （6）书包太重的问题，老师也没有办法

（二）

字数：400　　第三次阅读时间：2 分钟

星期天走访友人吴君，只见他正在院子的一角跟女儿一起弄着什么东西。走近一看，好家伙——泥（ní clay）小鸡、泥小鸭、泥汽车摆了一排。原来，他在陪"千金"捏（niē mould）泥玩具。

我问："你怎么有兴趣陪小孩儿玩泥巴？"

吴君一笑说："这可是我和女儿定下的假日专项活动呢。你别小看捏泥巴，它是培养孩子想象力和创造力的好方式。你看，孩子已经能捏这么复杂的东西了，手越来越巧，大脑也越来越灵了。"

吴君的话使我想到，现在一些年轻的父母对自己的孩子备加宠爱，要什么给什么，给他们买的玩具越来越高档，普通的玩具已经不屑一顾。电子汽车、电子熊猫、电子琴等电子玩具一件一件往家里搬。好像价格越贵就越能表示他们对子女的爱心。其实昂贵的玩具对开发儿童的智力并不一定比捏泥玩具强，而且还会养成他们的依赖性。孩子们对这些昂贵玩具并不珍惜，往往玩几天就坏了，一扔了事，这也养成了他们大手大脚的坏习惯。

吴君做得对，年轻的家长们不妨在空余时间陪孩子捏泥玩具试试。

1. 这篇文章的内容是关于：（　　）

   This passage is about...：

   （1）朋友
   （2）家长
   （3）女儿
   （4）玩具

2. 本文主要讲的是：（　　）

   Choose the statement which best expresses the main idea of the passage：

   （1）让孩子做泥玩具的好处
   （2）电子玩具很好

(3) 价钱贵的玩具质量好

(4) 应该给孩子买玩具

3. 本文讲到以下内容：（　　）

The passage contains the following contents：

(1) 他看见他的朋友陪女儿一起做泥玩具

(2) 他们自己做玩具是因为没有钱买玩具

(3) 做泥玩具对提高孩子手和脑的能力有好处

(4) 吴君喜欢给孩子买很贵的玩具

(5) 现在有些年轻的父母以为玩具的价钱越贵，就越能表示对孩子的爱心

(6) 并不是玩具的价钱越贵就对孩子越有好处

（三）

字数：400　　　第三次阅读时间：2分钟

北京市史家胡同小学重视从小培养学生的口语能力。他们认为，小学阶段是一个人学语言的最佳时期，要不失时机地抓紧。

他们的做法是：

一、每一个年级都开设说话课，每周一节。对每个年级有不同的要求。一年级，会连贯地说一段完整的话；二年级，能有头有尾地、清楚地复述故事或叙述一件事；三年级，能有条有理并加以想象地叙述；四年级，能对所见所闻进行联想并加以评论，说出自己的看法；五年级，能围绕一个确定的中心，具体、生动、形象地进行口头作文；六年级，能够思维敏捷地进行即兴发言、辩论。经过这样六年有目的、有计划的训练，毕业出来的学生大部分都能说会道。

二、为学生创造学习语言、运用语言、发展语言能力的环境和条件。在语文课上，有"一分钟即兴发言"训练，提高学生进行口语练习的积极性。在课外活动中，举办各种座谈会、朗诵会、演讲会、辩论会，给学生提供各种说话的机会。

三、对学生的口头表达能力进行检查和评价，计入语文课的成绩。

1. 这篇文章的内容是关于：（　　）

    This passage is about…：

    （1）留学生的情况
    （2）一个小学的情况
    （3）北京市的情况
    （4）北京胡同的情况

2. 本文主要讲的是：（　　）

    Choose the statement which best expresses the main idea of the passage：

    （1）北京市史家胡同小学的学生们每天都很忙
    （2）史家胡同小学开设说话课，培养学生的说话能力
    （3）北京市的小学都开设说话课
    （4）史家胡同小学的学生们很愿意学外语

3. 本文讲到以下内容：（　　）

    The passage contains the following contents：

    （1）小学是学语言最好的时候
    （2）只有一个年级开设了说话课
    （3）每星期有一节说话课
    （4）对不同的年级有不同的要求
    （5）经过六年的训练，毕业的时候大部分学生都能说会道
    （6）课内课外都为学生提供各种说话的机会

五、查阅

> 根据下面的《北京市常用电话》，查出下列电话号码。
> Write out the following telephone numbers according to the List of Basic Beijing Telephone Numbers.

1. 报时台 _____

2. 电话英文台 _____

3. 天气预报 _____

4. 邮政编码查询台 _____

5. 铁路车票订票热线 _____

6. 搬家热线 _____

7. 移动电话服务台 _____

8. 市长热线 _____

9. 机票订票服务台 _____

10. 火警台 _____

（一）北京市常用电话

匪警台 110
电话报修台 112
国内人工长途挂号台 113
查号台 114
国际长途挂号台 115

国内人工长途查询台 116
报时台 117
火警台 119
天气预报台 121
道路交通事故报警台 122

长途电话咨询台 176
北京电信客户服务台 180
特快专递、鲜花礼仪服务台 185
移动电话客户服务台 1860
移动电话话费查询台 1861
市内电话业务查询台 189
气象综合信息服务台 221
电报局客户服务台 223
民航信息查询台 2580
机票订票服务台 2581
商业信息服务台 2583
铁路信息查询台 2585
股市通电话委托查询台 2588
支票查询台 2850
电视信息娱乐服务声讯台 2858
电影信息娱乐服务台 2859
市长热线 65128080
市政热线 63088467
反扒热线 64011327
禁毒热线 65214111
邮政编码查询台 184　63037131/32/33
法律咨询热线 1600148　63890418
自来水报修服务热线 66189955
交通违章积分查询电话 26699122
中毒援助热线 83133338/0233
交通伤急救助热线 68455655/65
铁路车票订票热线 63217188
专利咨询热线 2629111
市燃气集团公司 24 小时
热线电话 65940469
移动电话服务台 222
公证咨询专线 98148
特快专递服务台 185
北京公共交通李素丽服务热线 96166
道路交通事故咨询热线 26688122
环保法律援助热线 62267459
虫害咨询热线 83158789　83158790

托老咨询电话 26855666
法律咨询公益热线 8008100469

医疗急救
北京市急救中心 120　65255678
东城区急救站 64034567
宣武区急救站 63464404
石景山区急救站 68878956
朝阳区急救站 65024214
海淀区急救站 62551759
丰台区急救站 63823477

供水急修
东城维修所 64019433
西城维修所 66020942
宣武维修所 63034143
崇文维修所 67017987
朝阳维修所 64661205
海淀维修所 62550451

供电急修
北京市供电局保修中心
供电便民热线 63129999
北京市供电局城区急修 63034561
朝阳区急修 65021126
丰台区急修 63813129
海淀区急修 62170693
石景山区急修 68876402

常用查询台
112 障碍申报
113 国内人工长途挂号
115 国际人工长途挂号和查询
116 国内人工长途查询
117 报时
118 郊区人工长途挂号（农话人工挂号）
121 天气预报
122 道路交通事故报警
120 急救中心
168 自动信息服务台（168＋5 位）
160 人工信息服务台

173 国内立接制长途半自动挂号
174 国内长途挂号
175 半自动来话台群
176 国内长途半自动查询
177 半自动班长台
170 国内话费查询台
184 邮政编码查询
185 邮政速递业务查询
103 国际半自动挂号及国内国际话务员
　　 互拨
106 国际半自动查询
电话英文台 2857
综合娱乐台 2589
中央电视台－自动查询台 68500168
升降旗时刻查询电话 652557900
户籍业务查询专线 26611166
搬家热线 65130699

供暖电话

北京市房屋土地管理局 65124104
东城区房屋土地管理局 64043393
西城区房屋土地管理局 66175570
崇文区房屋土地管理局 67120161
宣武区房屋土地管理局 63537085
朝阳区房屋土地管理局 64160033
海淀区房屋土地管理局 88384740

石景山区房屋土地管理局 68875679
市第一房屋管理修缮工程公司 65231157
市第一房屋修建工程公司 64032520
市大成房城开发总公司 62384254
市政管委 66011988
市热力公司 64633399

交通事故急报

市局事故处 68398200
朝阳大队事故科 68399503
东城大队事故科 64041786
西城大队事故科 66162098
崇文大队事故科 67022046
宣武大队事故科 63520034
丰台大队事故科 63814383
石景山大队事故科 68873720
房山大队事故科 89351750
通县大队事故科 60526376
昌平大队事故科 69742627
平谷大队事故科 69962542
延庆大队事故科 69103176
密云大队事故科 69021019
怀柔大队事故科 69628430
门头沟大队事故科 69806430
大兴大队事故科 69242080
顺义大队事故科 69423354

二 根据下面的《北京市地图》找出下列地名。
Write out the location of the following places according to the map of Beijing.

在地名后填写地名所在的位置，如：

紫竹院公园　　　A2

1. 故宫博物院 _____
2. 动物园 _____

86

(二) 北京市地图（局部）

3. 大钟寺
4. 北京火车站
5. 长城饭店
6. 三里屯路
7. 友谊商店
8. 工人体育场
9. 人民大会堂
10. 和平门
11. 中国美术馆
13. 景山公园
14. 中华世纪坛
15. 国家大剧院
16. 北京天文馆

六、字词句练习

一 在下列每一行词语中，20秒钟内找出两个相同的字。
Find out two identical characters in each item in 20 seconds.

1.	生日	目前	五月	自己	面目	而且
2.	吹风	喜欢	砍树	欢乐	这次	攻击
3.	一直	真正	具体	县级	当真	首先
4.	天黑	大学	人民	太平	昨天	火车
5.	害怕	伯父	拍打	陌生	指点	节拍

6. 于是　　两千　　干部　　丰收　　千年　　工人

二　将下列句子划分意群。
Divide each of the following sentences into sense groups.

1. 弄不清是在锻炼儿子还是在锻炼自己。
2. 你怎么能让孩子自己走这么远的路？
3. 我已经完全不记得去南京大学怎么走。
4. 爸爸妈妈知道你到我这儿来了吗？
5. 我认识到进入青春期的孩子对异性产生爱慕之心是非常正常的。

三　学习形声字。
Study pictophonetic characters.

1. "慌""谎"和"荒"

在课文《孩子需要什么》中，有"慌"字：

我慌得一头大汗。

在课文《我的十五岁生日》中，也有"慌"字：

我真的心慌了，眼泪快要流出来。

但我一点儿也不心慌，我不是有一张嘴吗？我可以问别人。

这个"慌"字是竖心旁，应该跟心理有关，这个字是什么意思？

❶ 很害怕　　❷ 很糟糕　　❸ 很生气

这个字的发音是：

❶ huāng　　❷ huáng　　❸ huǎng　　❹ huàng

答案：这个字的发音是 huāng，意思是：心里紧张，忙乱，flurried, confused。

在课文《成长的烦恼》中有一个"谎"字：

我心里又惊又喜，惊的是儿子居然肯承认；喜的是他还没有撒谎。

这个"谎"字是言字旁，应该跟说话有关，这个字是什么意思？

❶ 说假话，不真实　　❷ 心理紧张　　❸ 很害怕　　❹ 大声说

这个字的发音是：

❶ huāng　　❷ huáng　　❸ huǎng　　❹ huàng

答案：这个字的发音是 huǎng，意思是：说假话，不真实，lie。

"慌"和"谎"有共同的部件"荒"，这应该是一个声旁，猜一猜"荒"字的发音：

❶ huāng　　❷ huáng　　❸ huǎng　　❹ huàng

答案："荒"字的发音是 huāng，意思是：没有耕种的土地，uncultivated land。

2. "清""情""请""晴"和"青"

课文里，下列句子中有"清"字：

弄不清是在锻炼儿子还是在锻炼自己。

我被老师叫到学校，才弄清楚……

那本日记和信她都看了，可以清楚地证实两个孩子彼此爱慕。

这个"清"字是三点水旁，应该跟水有关，这个字是什么意思？

❶ 水很干净　　❷ 水很多　　❸ 口渴　　❹ 游泳

这个字的发音是：

❶ qīng　　❷ qíng　　❸ qǐng　　❹ qìng

答案：这个字的发音是 qīng，意思是：水很干净，fresh, clear。第一个例句中的"清"是"清楚"的意思。

课文中还有"情"字：

那一刻我的心情混乱不堪，完全不知道自己的做法是正确还是错误。

所有最坏的情况我都想了一遍，一个多小时里我被自己吓得心惊肉跳。

面对着陌生的情景，陌生的脸和陌生的声音，心里还是不安。

但是 13 岁谈恋爱实在是太早了，他们其实还不懂得爱情。

其实这种事情，爸爸妈妈可以给你一些帮助的……

这个字是竖心旁，应该跟心理有关，"情"字是什么意思？

❶ 感情，爱情　　❷ 害怕　　❸ 紧张　　❹ 想念

这个字的发音是：

❶ qīng　　❷ qíng　　❸ qǐng　　❹ qìng

答案：这个字的发音是 qíng，最基本的意思是：感情, feeling, 爱情, love。但"情景""情况"和"事情"中的意思是: situation, circumstances, condition。

· · · · · ·

课文中还有"请"字：

"上车的乘客请买票。"售票员大声说。

我走上去说："请问，你认识李菲吗？"

最后决定请张红梅帮一个忙，让儿子走出这个"美丽的错误"。

这个"请"字是言字旁，应该跟语言有关，"请"字是什么意思？

❶ 客气地要求别人　　❷ 说话　　❸ 问路　　❹ 告诉别人

这个字的发音是：

❶ qīng　　❷ qíng　　❸ qǐng　　❹ qìng

答案：这个字的发音是 qǐng，意思是：客气地要求别人, to request, to ask。

· · · · · ·

以前我们还学过"晴"字：

今天是晴天，我们可以出去玩儿。

第 2 单元｜成长的故事

气象预报说,明天晴转多云,天气比较好。

这个"晴"字是日字旁,应该跟太阳有关,是什么意思?

❶ 没有云,天气好　　❷ 太阳的光　　❸ 很亮　　❹ 很热

这个字的发音是:

❶ qīng　　❷ qíng　　❸ qǐng　　❹ qìng

答案:这个字的发音是 qíng,意思是:没有云,天气好,fine, clear。

"清""情""请""晴"都有部件"青","青"应该是一个声旁。
"青"本身也是一个字,猜一猜这个字的发音:

❶ qīng　　❷ qíng　　❸ qǐng　　❹ qìng

"青"字的意思是:

① 深蓝的颜色,blue。例如:

青出于蓝而胜于蓝。

② 绿的颜色,green。例如:

这个地方绿水青山,环境很好。

③ 比喻年龄不大,年轻,young。例如:

青年人跟老年人的想法不一样。

四 学习构词法。
Study the word-formation.

课文里有些句子中有带"误"字的词。如:

完全不知道自己的做法是正确还是错误。
我也觉得最重要的是让两个孩子走出早恋的误区。

这里的"误"字是什么意思?

92 这样 阅读
Read This Way

❶ 不正确　　❷ 不喜欢　　❸ 很糟糕

答案：意思是：不正确，mistaken，wrong。

"误"还可以是"耽误"（to delay）的意思。例如：

他们俩喝酒误了正事，因此丢了工作。

猜一猜下列带"误"的词语是什么意思。例如：

他没有听懂我的话，误会了我的意思。

他这个人很马虎，可能会误事。

我得赶紧走了，要不然就会误了火车。

误会　（1）不正确地理解对方的意思　（2）耽误

误事　（1）不正确　（2）耽误事情

误　　（1）不正确　（2）不喜欢　（3）耽误

五 根据下列解释，从课文《孩子需要什么》中找出相应的词。
Find out the appropriate words from the text "孩子需要什么" according to the following explanations.

（1）想来想去不能决定怎么做（　　　）

（2）跟希望的相反，因此失去信心（　　　）

（3）一个人的性格脾气不能改变（　　　）

（4）心里非常害怕、非常不安（　　　）

六 根据下列解释，从课文《我的十五岁生日》中找出相应的词。
Find out the appropriate words from the text "我的十五岁生日" according to the following explanations.

（1）表扬别人或自己，使做得更好（　　　）

（2）不认识、不熟悉（　　　）

（3）不明白、不清醒（　　　）

七 根据下列解释，从课文《成长的烦恼》中找出相应的词。
Find out the appropriate words from the text "成长的烦恼" according to the following explanations.

(1) 没有想到（　　　　　）

(2) 有事情不让别人知道（　　　　　）

(3) 两个人相爱（　　　　　）

(4) 害怕，很担心（　　　　　）

八 从课文中找出下列词的反义词。
Find out the antonyms of the following words from the texts.

1. 熟悉 ——　　　　　2. 明白 ——

3. 好感 ——　　　　　4. 担心 ——

九 根据构词法，将下列词分成7组。
Divide the following words into 7 groups according to the word-formation rules.

西北角	高等	医科	东北角	初中生	售票处
中等	短期	文科	工作者	理科	小学生
低等	西南角	长期	出口处	学习者	前期
工科	研究者	入口处	高中生	休息处	后期
大学生	青春期				

① 高等 中等 低等

② 医科 工科 文科

③ 短期 长期 前期 后期 青春期

④ 西北角 西南角 东北角
⑤ 大学生 高中生 初中生 小学生 研究者 作者 学者
⑥ 工科 文科 医科 理科
⑦ 入口处 出口处 休息处 售票处

十 多义词辨析。
Polysemant discrimination.

1. 指出"打"在下列各句中的意思。
   Choose the definition of "打" in each sentence.

   打
   ① 用手击物（to strike, to knock）
   ② 用手打人（to fight）
   ③ 发出（to send, to dispatch）
   ④ 做某种游戏（to play）
   ⑤ 开（to open）

   (1) 再三嘱咐他到后打电话来。（ 3 ）
   (2) 心里就像打鼓一样。（ 1 ）
   (3) 跟比他高一头的男孩子打架。（ 2 ）
   (4) 他们在外边打球。（ 4 ）
   (5) 我们都没有听见打钟的声音。（ 3 ）
   (6) 门打不开。（ 5 ）
   (7) 孩子们打坏了窗户玻璃。（ 1 ）
   (8) 进屋以后，他打开了窗户。（ 5 ）
   (9) 一个男孩把另一个男孩的头打破了。（ 2 ）
   (10) 在飞机上应该把手机关上，不要打手机。（ 4 ）

2. 指出"得"在下列各句中的意思。
   Choose the definition of "得" in each sentence.

第 2 单元 成长的故事　95

得	dé	① 得到 (to get, to obtain, to gain)
	děi	② 必须，需要 (to have to, need)
	de	③ 助词 (used after a verb or an adjective to introduce a complement of result or degree)

(1) 这次考试他得了90分。（　）

(2) 我感动得直点头。（　）

(3) 还得坐公共汽车到市中心。（　）

(4) 我慌得一头大汗。（　）

(5) 那家长可就得费心了。（　）

(6) 这一次我得到了大家的帮助。（　）

(7) 他刚才打电话找我，我得过去一次。（　）

(8) 这本书很难，我看得很慢。（　）

3. 指出"异"在下列各句中的意思。
   Choose the definition of "异" in each sentence.

异	① 不同的，不一样 (different)
	② 别的，其他的 (other, another)
	③ 特别的 (unusual)
	④ 奇怪的，惊奇的 (strange, surprising)

(1) 青春期的孩子对异性产生爱慕之心是非常正常的。（ 1 ）

(2) 到了异国他乡，他常常想念父母。（ 2 ）

(3) 他们两个人的想法大同小异。（ 3 ）

(4) 没想到晚上发生了一件怪异的事情。（ 4 ）

(5) 他有一个同父异母的兄弟。（ 1 ）

(6) 身在异乡，人生地不熟，他觉得很孤独。（ 2 ）

(7) 这两种方法没有什么差异。（ 3 ）

(8) 植物园里有一些奇花异草。（ 4 ）

十一 猜一猜下列谜语，谜底是一个汉字。
Guess the following riddles. The answer of each riddle is a Chinese character.

1. 十三点（汁）
2. 几口水（沽）
3. 多一句（话）

七、难句理解

下列句子是什么意思？在正确解释后画"√"，错误解释后画"×"。
What are the meanings of the following sentences? Decide if each explanation is true (√) or false (×).

1. 要办好这件事，非你不可。

　　（1）要办好这件事，只有你不可以。☐
　　（2）你不可能办好这件事。☐
　　（3）只有你才能办好这件事。☐

2. 说好了一会儿就来，谁知等了一个小时也没见个人影儿。

　　（1）原来说只要等一会儿，没想到等了一个小时也没有来。☐
　　（2）原来说只要等一会儿，谁等了一个小时就走了。☐
　　（3）原来说已经好了一会儿，谁知道一个小时以后好了没有。☐

3. 小金鱼再好看也没有了。

　　（1）小金鱼好看，但是没有了。☐
　　（2）没有比小金鱼更好看的了。☐
　　（3）小金鱼已经不好看了。☐

4. 这么多老师就数她年轻。

　　（1）数一数这么多老师，她最年轻。☐
　　（2）这么多老师中，她最年轻。☐

(3) 这么多老师都觉得她最年轻。□

5. 无论什么大事，他都不放在心上。

    (1) 不知道什么是大事，所以他都不关心。□

    (2) 任何重要的事，他都不放心。□

    (3) 任何大事他都不重视，不认真对待。□

6. 他每天晚上非喝酒不可。

    (1) 他每天晚上都不喝酒。□

    (2) 他每天晚上都不可以喝酒。□

    (3) 他每天晚上一定要喝酒。□

7. 不想汽车刚跑了几公里就坏了。

    (1) 不希望汽车跑几公里就坏了。□

    (2) 没有想到汽车刚开了几公里就坏了。□

    (3) 不考虑汽车会不会坏。□

8. 这些书数这一种卖得快。

    (1) 把这些书数一数，发现这一种卖得最快。□

    (2) 这些书中这一种的数量多卖得最快。□

    (3) 在这些书中，这一种卖得最快。□

9. 下个星期不忙了，看他两场电影。

    (1) 下个星期不忙了，就去看两场电影。□

    (2) 下个星期不忙了，把他的电影拿过来看两场。□

    (3) 下个星期不忙了，请他看两场电影。□

10. 学了没用，白学了。

    (1) 学了没有用处，所以不学了。□

    (2) 学了没有用处，所以以前学习时花的时间和精力都浪费了。□

    (3) 学了没有用，所以没有学。□

11. 你管不着！

    (1) 你没有权利（quánlì right）来干涉（gānshè to interfere）。□

（2）你管不好！□
（3）你管不管？□

12. 这种事再容易也没有了。

（1）这种事情很容易做，但是没有了。□
（2）没有比这更容易做的事情了。□
（3）以后没有这么容易做的事了。□

13. 等考完了，玩儿他个够。

（1）考完了以后，我们拿他好好地玩儿。□
（2）考完了以后，我们把他玩儿一个够。□
（3）考完了以后，我们一定好好地玩儿，一直到不想再玩儿了为止。□

14. 不管你说什么，他都不信。

（1）别人说的任何话，他都不相信。□
（2）你说什么了？他不信你的话。□
（3）他不干涉你说话，但他也不相信。□

15. 他没事儿，别管他。

（1）他没有问题，不用为他担心（dānxīn to worry about）。□
（2）他没有事情可做，不要干涉他。□
（3）他没有工作，没有人关心他。□

16. 不管什么工作，他都做得马马虎虎。

（1）他马马虎虎的，什么工作都不管。□
（2）任何工作他都做得不认真。□
（3）应该管的工作他不管，他这个人很马虎。□

17. 你爱信不信。

（1）你喜欢信，但是没有信。□
（2）你喜欢信但是不写信。□
（3）你愿意相信就相信，不愿意相信可以不相信。□

18. 不论是谁，不经过允许（yǔnxǔ to permit）都不准进去。

（1）不管是谁，都不准进去。☐
（2）任何人要进去都必须经过允许。☐
（3）谁都不能进去。☐

19. 我的事除非我自己答应，什么人都管不着。

（1）我的事只有我自己同意了才行，别人都没有权利来干涉。☐
（2）我的事我自己不答应，别人也不管。☐
（3）我自己回答自己的问题，不用任何人回答。☐

20. 要想让我答应他，除非太阳从西边出来。

（1）太阳到西边的时候，我同意了他的要求。☐
（2）她要我回答，太阳是不是从西边出来。☐
（3）我绝不会答应他。☐

第3单元

亲情的故事

一、细读

妈妈回来了

叶林（Yè Lín）的妻子爱珍（Àizhēn）是在冬天去世的。她得了白血病，只在医院里度过了短短的三个星期。

叶林接她回家过了最后一个元旦。她硬撑着病弱的身体，整理完家里的衣物，什么东西放在哪儿，一样一样地指给叶林看。安排好这一切，就要回医院，要和女儿分手了。一岁半的雯雯（Wénwen）吃惊地抬起头，望着母亲问："妈妈去哪里？""我的宝贝！"爱珍跪在地上，抱住女儿说，"再让妈妈亲亲，妈妈要出国了，很久才能回来。"她们母女俩脸贴着脸，妈妈的脸上流下了两行泪水。

从家里出来，一坐进汽车，爱珍就大哭起来，叶林紧紧地把她搂在怀中，不断地喊她的名字，等待她从绝望中清醒过来。叶林心里明白，没有任何人能够比她更坚强。叶林自己也难过得哭了起来。

妻子去世二十多天以后，从"国外"寄来了她的第一封信。信上贴着邮票，但是没有邮戳，信封的背后写有日期。叶林把信拆开，念给雯雯听："心爱的宝贝儿，你想妈妈吗？妈妈也想雯雯，每天都想。妈妈是在国外给雯雯写信的，还要过好长时间才能回家。妈妈不在的时候，雯雯听爸爸的话了吗？听阿姨的话了吗？……"

信的最后一句是："妈妈抱雯雯。"

此后每隔几个星期，叶林和雯雯就会收到一封信。这些信整整齐齐地包在一块香水手帕里，一共17封。信里爱珍嘱咐叶林和雯雯要按季节换衣服，以及如何根据孩子的情况给她补充营养等等。读着这些信，泪水就会模糊叶林的视线，当着孩子的面，叶林会忍着，念完信他就跑到自己的房间里大哭一场。

当孩子想妈妈吵得厉害时，叶林会把爱珍的信拿出来再念一遍，妈妈温柔的话语能使雯雯安安静静地待上半个小时。渐渐地，叶林跟孩子一样产生了幻觉，觉得妻子真的出了远门，并且习惯了等候她的来信。

第九封信，爱珍劝叶林考虑为雯雯找一个新妈妈，一个能代替她的人。"你再一次结婚,我也还是你的妻子。"她说。

一年之后,叶林遇到了雅丽(Yǎlì)。她离过婚,性格和相貌上都有一点儿像爱珍,不同的是,她没有当过妈妈,对孩子完全没有经验。叶林喜欢她有一点儿像爱珍,虽然他明白她是另一个人。他跟她谈了雯雯的情况,也谈了爱珍的遗嘱。

"我试试看。"雅丽轻松地回答,"你领我去见见她,看她是不是喜欢我。"

但是叶林还在犹豫,女儿能不能接受新妈妈,他不知道。

4月底,叶林给雯雯念了妈妈寄来的最后一封信。拿出这封信的时候,距离上一封信已有6个月之久了。信里说:"告诉雯雯一个好消息,妈妈学习很快结束了,就要回国了,又可以见到我的宝贝女儿了。你高兴吗?这么长时间了,雯雯还能认出妈妈吗?"

一边念着信,叶林一边注意地看着雯雯的表情。雯雯仍然一心一意地玩着她的玩具,仿佛什么也没听到。叶林不知道怎么办,忽然想到雯雯已经3岁了,她渐渐地懂事了。

叶林终于下定决心,在一个星期天的上午,带雅丽来到了家里。"雯雯。"叶林能感到自己很紧张,声音跟平时有点儿不一样,"还不快来看,是不是妈妈回来了?"

雯雯呆呆地看着雅丽,还在犹豫。雅丽放下箱子,迅速走到雯雯身边,抱住雯雯说:"宝贝儿,不认识妈妈了?"

雯雯脸上的表情变化很快。叶林紧张地看着,生怕雯雯拒绝这个妈妈。但是,接着发生了他没有想到的事。孩子丢下玩具,放声大哭起来,哭得满脸通红。她用小手拍打着雅丽的肩膀,终于喊出来:"为什么这么久才回来呀?"

雅丽把她抱在怀里,孩子的胳膊紧紧搂住妈妈的脖子,哭得非常伤心。雅丽看了看叶林,也流下了眼泪。

"宝贝儿……"她亲着孩子的小脸说,"妈妈再也不走了。"

这一切都是孩子的母亲一年半前,挣扎在病床上为他们安排的。

生词

亲情	n.	qīnqíng	emotional tie, affectionate feelings
去世	v.	qùshì	to die, to pass away
白血病	n.	báixuèbìng	leukaemia
元旦	n.	yuándàn	New Year's Day
硬撑		yìng chēng	to keep on in spite of difficulties, to hold out
病弱	adj.	bìngruò	sick and weak
宝贝	n.	bǎobèi	darling
跪	v.	guì	to go down on one's one or both knees
搂	v.	lǒu	to hug, to embrace, to cuddle
怀里		huái li	(hold) in one's arms
绝望		jué wàng	to despair, to lose all hope
清醒	adj.	qīngxǐng	clear-headed, sober
坚强	adj.	jiānqiáng	staunch, strong, firm
邮戳	n.	yóuchuō	postmark
拆	v.	chāi	to tear open
心爱	adj.	xīn'ài	beloved, treasured
手帕	n.	shǒupà	handkerchief
补充	v.	bǔchōng	to replenish, to supplement, to add
营养	n.	yíngyǎng	nutrition
模糊	adj./v.	móhu	blurred, dim, vague, fuzzy; blur
忍	v.	rěn	to bear, to endure, to tolerate
吵	v.	chǎo	to quarrel, to make a noise
温柔	adj.	wēnróu	gentle and soft, tender
幻觉	n.	huànjué	hallucination, illusion
代替	v.	dàitì	to take the place of
遇见	v.	yùjiàn	to meet, to run into, to come across
性格	n.	xìnggé	nature, disposition, temperament

相貌	n.	xiàngmào	(of a person) facial features, looks
遗嘱	n.	yízhǔ	testament, will, dying words
认出	v.	rènchū	to recognize, to identify, to make out
一心一意		yì xīn yí yì	heart and soul, wholeheartedly
玩具	n.	wánjù	toy
懂事		dǒng shì	to be sensible, to be intelligent
下决心		xià juéxīn	to make a firm decision
表情	n.	biǎoqíng	expression, countenance, look
生怕	v.	shēngpà	to be afraid of, to fear that
肩膀	n.	jiānbǎng	shoulder
胳膊	n.	gēbo	arm
脖子	n.	bózi	neck
挣扎	v.	zhēngzhá	to struggle

一　根据课文判断下列理解是否正确，如果正确就画"✓"，如果错误就画"×"。
Decide whether the following statements are true (✓) or false (×) according to the text.

1. 爱珍是因为白血病住院的。☐

2. 爱珍知道自己快要死了，所以回家为丈夫和女儿作最后的安排。☐

3. 雯雯知道妈妈去医院了。☐

4. 爱珍坐进汽车后才大哭起来，是因为她不想在女儿面前哭。☐

5. 17封信都是爱珍去世前写好的。☐

6. 每一封信都是从邮局寄来的。☐

7. 叶林给雯雯念完信，就到自己的房间里去大哭一场，因为他非常想念妻子。☐

8. 第九封信，爱珍劝叶林找一个新妻子。☐

9. 雅丽是爱珍的妹妹，所以性格和相貌上有点儿像爱珍。☐

10. 叶林跟雅丽谈了爱珍和雯雯的情况。☐

11. 爱珍的最后一封信说，她出国学习结束了，就要回国了。☐

12. 爱珍又见到了女儿，她们两个都很激动。☐

13. 提着箱子进家门、与雯雯见面的是雅丽。☐

14. 叶林害怕女儿不接受这个新妈妈。☐

15. 雯雯已经记不清妈妈的样子了，所以她以为雅丽就是妈妈。☐

16. 这一切都是爱珍去世前在病中为他们安排的。☐

二 指出下列变色字是什么意思。
Choose the best definitions for the following words and phrases in color.

1. 叶林接她回家过了最后一个元旦。
   - ☐ A. 星期天
   - ☐ B. 春节
   - ☐ C. 阳历新年第一天

2. 每隔几个星期，叶林和雯雯就会收到一封信。
   - ☐ A. 过（指空间和时间上有距离）
   - ☐ B. 到
   - ☐ C. 连着

3. 你领我去见见她，看她是不是喜欢我。
   - ☐ A. 陪着
   - ☐ B. 跟
   - ☐ C. 带着

4. 距离上一封信已有6个月之久了。
   - ☐ A. 多
   - ☐ B. 时间长
   - ☐ C. 以后

5. 仿佛什么也没听到。
   - A. 可能
   - B. 好像
   - C. 看起来

6. 叶林紧张地看着，生怕雯雯拒绝这个妈妈。
   - A. 不了解
   - B. 不接受
   - C. 认识

三 指出下列词组或句子是什么意思。
Choose the best definitions for the following phrases and sentences.

1. 她硬撑着病弱的身体，整理完家里的衣物。
   - A. 她忍受着病痛，坚持整理完家里的衣物。
   - B. 她虽然生病，但是站着整理完家里的衣物。
   - C. 她因为生病，所以用手撑着整理完家里的衣物。

2. 没有任何人能够比她更坚强。
   - A. 有些人比她更坚强。
   - B. 她比别人都坚强。
   - C. 任何人比她更坚强。

3. 当着孩子的面，叶林会忍着。
   - A. 当孩子哭的时候，叶林会忍着。
   - B. 当孩子来了，叶林会忍着。
   - C. 在孩子面前，叶林会忍着。

4. 还不快来看，是不是妈妈回来了？
   - A. 不要快来看，是不是妈妈回来了？
   - B. 可以慢慢地来看，是不是妈妈回来了？
   - C. 赶快来看，是不是妈妈回来了？

四 重点词语举例。
More examples for the key words.

1. 补充

    课文中：根据孩子的情况给她补充营养。

    更多的：每天都应该喝水，为身体补充水分。
    老师说我的作文太简单，应该补充一些内容。
    我觉得说得还不够明白，所以后来又补充了几句。

2. 代替

    课文中：爱珍劝叶林考虑为雯雯找一个新妈妈，一个能代替她的人。

    更多的：张老师病了，今天李老师来代替他上课。
    新的计算机代替了旧计算机，工作起来更顺手了。
    他在球队中作用很大，别的任何人都代替不了他。

3. 遇到

    课文中：一年之后，叶林遇到了雅丽。

    更多的：昨天我在街上偶然遇到了一位老同学。
    他在那里遇到了很多麻烦。
    遇到这样的事，是他事先没有想到的。

4. 性格

    课文中：她离过婚，性格和相貌上都有一点儿像爱珍。

    更多的：他不爱说话，性格比较内向。
    性格外向的人跟谁都能说上话。
    这两个人虽然性格有差异，但是相处得很好。

5. 下决心

    课文中：叶林终于下定决心，在一个星期日的上午，带雅丽来到了家里。

    更多的：由于身体不好，现在他下决心锻炼身体。
    去还是不去？他还在犹豫，下不了决心。

他**下**了很大的**决心**才说出心中的秘密。

6. **拒绝**

    课文中：生怕雯雯**拒绝**这个妈妈。

    更多的：小李喜欢一个女孩，但是人家**拒绝**了他。
    我要求增加工资，但是被老板**拒绝**了。
    只要有人请他帮忙，他都不会**拒绝**。

7. **一切**

    课文中：这**一切**都是孩子的母亲一年半前，挣扎在病床上为他们安排的。

    更多的：临走前，她把**一切**都安排好了。
    母亲说，儿子就是她的**一切**。
    检查完身体后，大夫对他说，**一切**都很正常。

二、通读

（一）大　哥

字数：2660　　阅读时间：22 分钟

　　大哥在我们家的地位很尴尬，我们是同父异母的兄弟。10 岁之前，我不知道自己还有一个大哥。那一天，一个人的敲门声让我家的晚饭停了下来。进来的是一个十七八岁的少年。他穿着极短的裤子，因为短，更显得身子很长；上衣也短，刚刚盖住腰带。我和妹妹转过头去看他，他的两只脚并在一起，绿色的球鞋上有泥土。父亲一见他就一下子站了起来："小强！"

　　"爸爸。"他张了嘴。我和妹妹瞪大了眼睛，心中觉得不高兴。妹妹哭了起来："你为什么管我们的爸爸叫爸爸？"我的眼睛也瞪着他，好像自己的什么珍贵东西被人抢走了。

　　那是个难忘的夜晚。房间内传来父母的争吵声，尽管他们努力让声音小一些，可我们还是听到了。"不是离婚了吗？怎么还来往！""这不是有特殊情况吗？她得了重病，我不能不管孩子！""那你去管他们娘儿俩吧！""事情不是你想象的那样……"

爸爸离过婚？那个穿着旧衣服的男孩儿，他是爸爸的儿子？

后来我慢慢弄清楚了，小强是我们同父异母的哥哥。

大哥的出现让我和妹妹极不舒服，因为多了一个人出来分享我们的父爱。有好多日子我们对父亲十分冷淡。他在一家研究所上班，早出晚归，和我们在一起的时间很少。出了这件事之后，他回来得更晚了。

那个少年，是穿着新衣服走的。父亲让我们叫他大哥，我们一声也没叫过。在我们心里是不承认他的，再说，他的到来让母亲十分不高兴。

他带走了家里的一万块钱。母亲与父亲大吵了一次，说这日子没法过了，一人养着两个家。我们也特别恨那个雨天来的少年，是他打破了我们家的平静，我不希望再看到他。当然，我也不承认他是我的大哥。

再次看到他是10年之后。我在北京上大二了，他已经是快30岁的人了。他又来了，这次，是带着很多农产品来的，东西在地上堆了一堆。还有一个三四岁的孩子。

"叫爷爷。"他说。

"叫二叔。"他指着我。

"叫小姑。"说的是上高三的妹妹。

我跟妹妹都很冷淡。

他结婚了。他的母亲两年前去世了。

"前几年家里闹水灾，把房子冲坏了……"他还要接着说下去，母亲就说："还要钱？一万块？这日子真没法过了！"

他尴尬地解释道："不是，不是。"

原来，他这次来，是想让父亲帮他在北京做个小买卖，北京的钱好挣些。他说村子里的人在北京开小吃店发财的有的是。父亲低头想了一会儿说，我想想吧。结果自然是爸爸给了他一万元。

大哥就这样做起了买卖。他花了几万块钱在五棵松附近开了一个小吃店，把老婆孩子全接了来，日夜地忙，做的全是些东北菜。他高兴地要请我们吃饭，我们没有给他面子，觉得他没什么钱，能去什么好地方吃饭。母亲更是说："没知识的农村人！跟这样的人还是少来往好。"

母亲总是给人高高在上的感觉，她的生活方式早就影响了我们。我和妹妹养成了一些坏习惯，早晨一定要吃西餐，理发要去北京最好的美发厅，衣服要穿名牌的。我觉得大哥与我们全家完全不同，好像是父亲犯下的一个错误。所以，周末他们全家来时，我和妹妹往往拿着一本英语书，只管自己读书。

　　他却并不在意，仍然来，把那些做好的东北菜带来给我们吃。但除了父亲，是没有人吃的。父亲曾经在东北农村待了好多年，爱吃东北菜。大哥东北菜做得不错，父亲过一段时间吃不到就说："你大哥好多天没来了吧？"我们就不言语。在我们心中，没有人把他当大哥，对他好的只有父亲。父亲曾经偷偷地给过他钱，这我知道。有一次父亲送他们出去，我也出去了，看见父亲手里拿着一个纸包给他，可他没有要。

　　他没有经验，所以上了当。那个小吃店人家低价卖给他，是因为要拆迁，他做了没几个月，房子就被拆了，钱没赚到，反而赔了。后来，我去车站送同学，看到他在蹬三轮车，把车站里的货拉出来，光着膀子，特别肯干。我看了好久，觉得心里有点儿酸。这时，我已经准备到美国一所大学去学习了，而他还在为生活流着汗。妹妹也要去国外读书了，是母亲给她联系的学校。

　　父亲的身体越来越不好了，他有糖尿病、高血压，母亲的心脏也出现了问题，我怎么可以放心地走呢？

　　父亲说："走吧，还有你大哥呢。"母亲说："算了吧，他来，还不是看上了咱家的钱？别再和穷亲戚来往了！"

　　"穷亲戚？"父亲动了怒，"他是我儿子！"

　　我出国前去找了他。那是我第一次去他家，一个简易得没法再简易的小平房。因为冷，玻璃上结了冰。他看到我，不相信地说："小宾（Xiǎo Bīn）？快进来！"他屋里有客人，他得意地对他们说："我弟弟，要去美国留学，棒吧？"

　　那一刻，我心里有点儿发酸。他给我洗水果、倒茶。因为生活的艰难，他看起来比实际年龄要大许多。

　　"我要走了，爸爸……"

　　"你不用管，交给我吧。"

　　"还有妈妈……"我担心他记恨母亲，母亲的身体也越来越不好了。

　　"都交给我，爸的亲人就是我的亲人，你放心去读书吧，咱老陈家出了个留学生，哥说出去都觉得光荣呢。"

　　这次，我是真的没坚持住，叫了一声："大哥——"

他把我紧紧搂在怀里："哥等这句话，等了快20年了！"

日子过得很快，我在国外好几年了，结了婚，太太是美国人，因此没有想过要回来。

几年后，我带着太太回国探亲，让我吃惊的是家里的变化。是大哥去机场接的我，他又开了饭店，这次运气不错，不几年就赚了钱。他是开着汽车去接的我。

一进家门，小侄子和妈玩得正高兴，大嫂正在厨房里忙着做饭，母亲看起来春风满面，父亲的脸色也不错。这一切是如何改变的呢？

原来，我走之后，母亲不幸出了车祸，腿和腰受了伤，家里一下子乱了。这时大哥和大嫂来了，细心地照顾我母亲，让母亲很感动。父亲原来身体就一直不好，这时也住进了医院。大哥大嫂两个人分工，大哥照顾父亲，大嫂照顾母亲。幸亏他们细心的照顾，两位老人才平安地过来了。母亲病好以后，对大哥大嫂说："一定要搬到家里来住，这个儿子和儿媳，我是认了！"

母亲感到自己亲生的倒指望不上了，一个在美国，一个在英国，而且全找了外国人当另一半，这让她难以接受。她亲自为大哥找地方开饭店，当然，还出了钱。又让大哥的孩子上了最好的小学，每天她亲自接送。一家三代五口人，过得很快乐。

这是我没有想到的结果，也是父亲没有想到的。临走时，我请大哥出去吃饭，我说："谢谢大哥！"

大哥给我一拳说："一家人说两家话？好好在美国，咱爸咱妈就交给我了，你放心去吧。"

走的时候，大哥递给我一个纸包，是一万块钱。我说不要，推了又推，大哥挣钱不容易，我怎么能要！大哥说："别跟我见外，叫了这么多年大哥，就应该花哥的钱，花了，哥就高兴了。哥没有亲人，你们就是我的亲人！"

我又哭了，大哥骂我说："别哭了，不像我兄弟。"说着挥着手往外走。我看着他的背影，快40岁的大哥，像别的中年男人一样有点儿胖，走起路来，也不像以前那么快了。

"大哥！"我在心里叫着他。以后我肯定见不了他几次，但我已经真正把他当做我的大哥了。

生词

尴尬	adj.	gāngà	awkward, embarrassed
显得	v.	xiǎnde	to appear, to seem, to look
腰带	n.	yāodài	waistband, belt, girdle
泥土	n.	nítǔ	earth, soil, muddy soil, clay
瞪	v.	dèng	to open (one's eyes) wide, to stare
珍贵	adj.	zhēnguì	valuable, precious
抢走	v.	qiǎngzǒu	to loot, to rob
争吵	v.	zhēngchǎo	to quarrel, to wrangle, to squabble
特殊	adj.	tèshū	special, particular
农产品	n.	nóngchǎnpǐn	farm produce, agricultural products
叔	n.	shū	uncle, father's younger brother
姑	n.	gū	aunt, father's sister
水灾	n.	shuǐzāi	flood
买卖	n.	mǎimai	buying and selling, business
挣	v.	zhèng	to earn
小吃店	n.	xiǎochīdiàn	snack bar
发财		fā cái	to get rich, to make a fortune
给面子		gěi miànzi	to show due respect for sb.'s feelings, to save sb.'s face
养成	v.	yǎngchéng	to cultivate, to form
名牌	n.	míngpái	famous brand
犯	v.	fàn	to violate, to offend (犯错误 to commit a mistake)
在意		zài yì	to care about, to mind (oft. used in the negative sentences)
上当		shàng dàng	to be taken in
拆迁	v.	chāiqiān	to pull down the old houses and move out
赚	v.	zhuàn	to make a profit, to gain, to earn (money)

赔	v.	péi	to lose money in business, to make a loss
蹬	v.	dēng	to pedal
三轮车	n.	sānlúnchē	tricycle
货	n.	huò	goods
光膀子		guāng bǎngzi	stripped to the waist
心酸		xīn suān	to be sorrowful, to feel sad
糖尿病	n.	tángniàobìng	diabetes
高血压	n.	gāoxuèyā	high blood pressure, hypertension
心脏	n.	xīnzàng	heart
穷	adj.	qióng	poor
亲戚	n.	qīnqi	relative
怒	v.	nù	to anger, to enrage
玻璃	n.	bōli	glass
艰难	adj.	jiānnán	difficult, hard
记恨	v.	jìhèn	to bear grudges
咱	pron.	zán	we, us
光荣	adj.	guāngróng	honorable, glorious
探亲		tàn qīn	go home to visit one's folks
运气	n.	yùnqi	luck, fortune
侄子	n.	zhízi	brother's son, nephew
大嫂	n.	dàsǎo	elder brother's wife
不幸	adj.	búxìng	unfortunate
车祸	n.	chēhuò	traffic accident
细心	adj.	xìxīn	careful
感动	v.	gǎndòng	to move, to be touched
幸亏	adv.	xìngkuī	fortunately, luckily
儿媳	n.	érxí	daughter-in-law
亲生	adj.	qīnshēng	one's own (children or parents), biological
指望	v.	zhǐwang	to bank on, to look forward to, to count on
见外	v.	jiànwài	to regard sb. as an outsider

一、根据课文判断下列理解是否正确，如果正确就画"✓"，如果错误就画"×"。
Decide whether the following statements are true (✓) or false (×) according to the text.

1. 大哥跟我同一个父亲，但不是同一个母亲。☐
2. 大哥跟我妈妈生活得很好。☐
3. 大哥比我大十七八岁。☐
4. 知道有一个同父异母的大哥，我和妹妹都很不高兴。☐
5. 大哥来找爸爸，爸爸也很不高兴。☐
6. 妈妈不喜欢爸爸跟大哥来往。☐
7. 以前我不承认这个大哥，也没有叫过他大哥。☐
8. 因为我妈妈反对，所以爸爸没有帮助小强。☐
9. 大哥跟他母亲住在东北农村。☐
10. 第二次来北京的时候，大哥的母亲已经去世了。☐
11. 大哥想在北京开一家小饭馆。☐
12. 饭馆开起来以后，我们一家对大哥很热情。☐
13. 我妈妈看不起穷人。☐
14. 大哥在火车站蹬三轮车拉货，是因为第一次的生意失败了。☐
15. 我出国前去找大哥是因为父母的身体越来越不好，我担心以后没人照顾他们。☐
16. 大哥记恨我的母亲。☐
17. 我第一次叫大哥是在去美国上学前。☐
18. 我和妹妹都出国了，家里父母的身体没有出过问题。☐
19. 因为有大哥大嫂细心的照顾，所以我父母看起来身体不错。☐
20. 大哥第二次开饭馆成功了，赚了钱。☐

21. 我母亲没有帮助大哥。□

22. 后来大哥大嫂跟我父母住在一起，一家人过得很快乐。□

23. 大哥给了我一万块钱。□

24. 我现在觉得大哥就是自己的亲哥哥。□

二 指出下列变色字是什么意思。
Choose the best definitions for the following words and phrases in color.

1. 他说村子里的人在北京开小吃店发财的有的是。
   - □ A. 有一些
   - □ B. 很多
   - □ C. 有的是这样

2. 那是我第一次去他家，一个简易得没法再简易的小平房，因为冷，玻璃上结了冰。
   - □ A. 最简易
   - □ B. 不太简易
   - □ C. 有点儿简易

3. 这次运气不错，不几年就赚了钱。
   - □ A. 不是几年
   - □ B. 只有几年时间
   - □ C. 很长时间

4. 这个儿子和儿媳，我是认了。
   - □ A. 认识
   - □ B. 承认，认可
   - □ C. 知道

5. 母亲感到自己亲生的倒指望不上了，一个在美国，一个在英国。
   - □ A. 看不到上面
   - □ B. 希望他们不上来

☐ C. 不能期望他们为自己做什么

6. 一个在美国，一个在英国，而且全找了外国人当另一半。

☐ A. 妻子或丈夫
☐ B. （找了）一半（外国人）
☐ C. 一部分东西

7. 走的时候，大哥递给我一个纸包，是一万块钱。我说不要，推了又推。

☐ A. 两手用力使物体向外移动
☐ B. 时间往后移
☐ C. 不肯接受

三 指出下列词组或句子是什么意思。
Choose the best definitions for the following phrases and sentences.

1. （他高兴地要请我们吃饭，）我们没有给他面子。

☐ A. 我们没有去吃饭。
☐ B. 我们去吃饭了，但是不高兴。
☐ C. 我们骂了他一顿。

2. （父亲过一段时间吃不到就说："你大哥好多天没来了吧？"）我们就不言语。

☐ A. 没有话说
☐ B. 不说话
☐ C. 说不好听的话

3. 那一刻，我心里有点儿发酸。

☐ A. 那时候，我有点儿难过不好受。
☐ B. 那时候，我的心里有点儿不愉快。
☐ C. 那时候，我有点儿不高兴。

4. 咱老陈家出了个留学生。

☐ A. 我们姓陈的这一家，出现了一个留学生。

□ B. 我们的老家出现了一个留学生。
□ C. 老陈他们家出了一个留学生。

5. 一家人说两家话？
   □ A. 一家人说两种语言。
   □ B. 一家人说不一样的话。
   □ C. 自己家里人不应该说见外的话。

四 重点词语举例。
More examples for the key words.

1. 尴尬

    课文中：大哥在我们家的地位很尴尬。

    更多的：他的前妻出现在他的面前，他感到有些尴尬。
    他尴尬地解释说："我不是来借钱的。"
    老板没有答应他的要求，他觉得很尴尬。

2. 显得

    课文中：他穿着极短的裤子，因为短，更显得身子很长。

    更多的：穿上裙子以后，她显得更加漂亮了。
    在这么多人面前讲话，他显得有点儿紧张。
    我因为没有听清楚，问了他两遍，他显得很不耐烦。

3. 特殊

    课文中：这不是有特殊情况吗？她得了重病，我不能不管孩子！

    更多的：春节对中国人来说是个特殊的日子。
    因为他有病，所以受到了特殊的照顾。
    如果没有特殊情况，他们不会在这个星期回来。

4. 在意

    课文中：他却并不在意，仍然来，把那些做好的东北菜带来给我们吃。

更多的：他发脾气，是他脾气不好，不是专门对你的，你别在意。

在些小事上她是不会在意的。

没有人在意他提出的这些建议。

5. 上当

课文中：他没有经验，所以上了当。

更多的：做生意的时候要小心，要不然很容易上当。

因为他太相信别人，所以有时候会上当。

上过一次当以后，他就学会了保护自己。

6. 运气

课文中：这次运气不错，不几年就赚了钱。

更多的：做生意有时候要靠运气。

他们输球是因为运气不好。

他觉得自己在北京运气不好，所以决定到上海碰碰运气。

（二）陪父亲过年

字数：1830　　阅读时间：15分钟

　　天气越来越冷了，空中不时飘下几片大大的雪花。每天都忙忙碌碌的，不知不觉又到了过年的时候。也好，终于可以松一口气，回老家，过年陪父亲喝喝酒了。

　　我特地给父亲买了两瓶洋酒。父亲爱喝酒，但一辈子都只喝家里自酿的米酒。那酒很淡很淡，没什么酒味。即使这样，母亲怕他年纪太大了，喝多了不行，所以只让他每餐喝一杯。父亲喜欢喝酒，但又说不过母亲，就每次在倒酒的时候先大大地喝一口，那满满的一杯酒，一下子就下去了一半，父亲当然还要再把酒加满。因此，实际上，父亲每餐都要喝一杯半的样子。有时这样做被母亲看到了，免不了要说上几句，父亲便像做错事的孩子似的，惭愧地笑笑。

　　父亲常常盼我回去陪他喝酒。因为只有这时，他才可以痛快地喝。母亲也不会说什么，随便我们父子俩大吃大喝。但是，我真正陪父亲喝酒的次数很少。尤其是出国后，这种机会就更少了。

不过，每年我都会对父亲说："今年过年，我一定陪您喝酒！"

眼看就是大年三十了，今年我不干别的事，就是想陪父亲喝喝酒。

没什么可犹豫的了，买张机票，先到了上海，又从上海坐火车赶往老家。

听说我要回家，父亲一大早起来，赶上那辆最早的公共汽车，到县城火车站来接我。

远远地我就看到了父亲。父亲真老了，头发全白了。下雪天，他连棉衣都忘了穿，却伸长脖子在满是风雪的天空下瞪着眼睛东张西望。我快走到他身边了，他还在着急而忘情地找我。我望着父亲，鼻子一酸，轻轻地说："爸，我在这儿呢。"

父亲回头一见我，显得有些陌生，还继续向四周张望。我不知道他在找什么。过了好一阵子，父亲闷闷地说："就你一个人回来？"

"嗯。"我突然明白父亲在找什么了：父亲年年盼望我带媳妇儿回去，可是，我又让他失望了。

父亲重重地叹了一口气，像是对我，又像是自言自语："下雪了，过年了。"

一到家，母亲早已忙开了。我把两瓶洋酒送到父亲粗大的手中。父亲把酒瓶上的洋文细细地看了一遍，然后走进屋里，把它们藏了起来。

出来时，父亲拿着两大瓶米酒，说："今天咱们就喝家里的酒。"

"行，行。"我连忙说。送他洋酒本来就是让他以后慢慢喝的嘛。

雪下得不大，雪花三三两两地飘下来，倒也不觉得很冷。屋后的院子里，一张木桌，两瓶米酒，几个下酒菜。我陪父亲慢慢喝着酒。狗在我们的脚下跑来跑去。

我说："年初我就想，过年的时候一定回来陪您喝几杯。"

"嗯。"父亲应了一声，把满满的一杯酒喝了下去。我赶紧为他再倒满。

记得前几年有一回出差，路过家，我陪父亲好好地喝了一回酒。那是傍晚的时候，太阳照在身上暖洋洋的。我们俩没有多余的话，只是你一杯我一杯地喝着。陪父亲喝酒，感觉真好啊！

可是今天，没有阳光，只有雪花，还有不时从远处传来的鞭炮声。

这时，父亲突然抬起头，望着我，说："你出国也有五六年了吧？"

"没有。不到三年。"

"你答应过，过年的时候就回来陪我喝酒。"

"我这不是回来了吗？"

"你答应过，过年的时候把媳妇儿也带回来。"

"……"我一时不知道说什么好，曾经有过几个女朋友，可是最后都分手了。

父亲说："你答应过，无论走到天涯海角，你都会想办法回来看我们。"

我有些心酸，叫了一声"爸……"这时，我听到身后有轻微的声音，回头一看，是母亲。

母亲见我看她，就走过来，一边擦眼泪，一边说："儿子，我看你爸活不了多久了。他天天想着你，天天想着要跟你喝酒。晚上生怕自己一觉睡了过去，再也见不到你似的……"

停了一下，母亲又说："他还天天担心你出事。说你到了那么远的地方，不要说朋友，连个亲戚都没有。"

父亲对母亲一瞪眼，说："你还不是一样？昨天听说儿子要回来，一晚上都睡不好，还要跟我去县城接儿子呢。"

母亲见我低着头，就说："行了，老头子，你们喝酒吧。雪都飘到酒杯里了。"

母亲说完，慢慢地回到厨房去了。

我的酒杯飘进了两朵雪花，父亲没看见，又给我加满了酒。

父亲说："你们那地方，也过年吗？"

我说："不过。洋人只过圣诞节。"

父亲说："那是个什么破地方，年都不过。你还到那里去干什么？国内不是好好儿的吗？"

"……"我不知道怎么跟他说。

父亲忽然说："你看你，都有白头发了，是不是在那里受委屈了？"

我摇摇头。

父亲叹了一口气，说："我知道你有事也不会告诉我。你在那里好坏我不管，可我已是七十多岁的人了。你告诉我，你什么时候让我看到孙子？"

不知什么时候，我的脸上已有了冰冷的一滴。我弄不清那是眼泪还是雪花。父亲老了，真的老了，我非常想给他一个肯定的回答，可是感情的事，我自己也不知道。我不知道应该怎么对他说。除了陪他老人家喝酒，我还能说什么、做什么呢？

生词

陪	v.	péi	to keep sb. company, to accompany
过年		guò nián	to celebrate the Spring Festival
不时	adv.	bùshí	frequently, often
飘	v.	piāo	to float (in the air)
忙忙碌碌		mángmáng lùlù	to bustle about, to be busy all the time
不知不觉		bù zhī bù jué	unconsciously, unwittingly
特地	adv.	tèdì	for a special purpose, specially
洋酒	n.	yángjiǔ	foreign wine
酿	v.	niàng	make (wine), brew (beer)
淡	adj.	dàn	light, tasteless
满	adj.	mǎn	full, filled, packed
免不了		miǎn bu liǎo	to be unavoidable
似的	part.	shìde	as... as, as if, seem to be, just like
惭愧	adj.	cánkuì	ashamed
盼	v.	pàn	to yearn for, to expect, to long for
痛快	adj.	tòngkuai	delighted, to one's heart's content, forthright
眼看	adv.	yǎnkàn	shortly, soon, in a moment
大年三十		dànián sānshí	Lunar New Year's Eve
县城	n.	xiànchéng	county seat, county town
闷	adj.	mèn	depressed, in low spirits
嗯	int.	èn	uh-huh
媳妇儿	n.	xífùr	wife
叹气		tàn qì	to heave a sigh
细细地		xìxì de	carefully
连忙	adv.	liánmáng	hastily, hurriedly
路过	v.	lùguò	pass by or through (a place)
多余	adj.	duōyú	unnecessary, superfluous

鞭炮声		biānpào shēng	sound of the firecrackers
天涯海角		tiān yá hǎi jiǎo	the remotest corners of the world
轻微	adj.	qīngwēi	light, slight
委屈	adj.	wěiqu	wronged, aggrieved
摇头		yáo tóu	to shake one's head
孙子	n.	sūnzi	grandson
滴	v./n.	dī	to drip; drop
老人家	n.	lǎorenjia	(an respectful form of address for an old person) venerable old person, parents

一 根据课文判断下列理解是否正确，如果正确就画"√"，如果错误就画"×"。
Decide whether the following statements are true (√) or false (×) according to the text.

1. 他喜欢回家过年。☐

2. 因为他在外国，所以买了两瓶外国酒给父亲。☐

3. 母亲不许他父亲喝外国酒。☐

4. 他们家自己酿米酒。☐

5. 父亲偷偷地多喝一点儿，有时候会被母亲批评。☐

6. 他父亲很能喝酒。☐

7. 父亲希望儿子常陪他喝酒，但儿子不常常回家。☐

8. 他父母住在大城市。☐

9. 他事先告诉了父母他什么时候回家。☐

10. 在火车站他先看到了父亲。☐

11. 他父亲眼睛近视，所以没有看见他。☐

12. 他父亲希望看到他带媳妇儿回家。☐

13. 他不愿意把媳妇儿带回家。☐

14. 回到家，母亲做饭，他们父子俩在一起喝酒。☐

15. 喝酒的时候，他们父子俩有很多话说。☐

16. 他母亲觉得他父亲快要死了。☐

17. 他父亲希望他不要去外国。☐

18. 他不能回答父亲什么时候结婚、什么时候有孩子。☐

二 指出下列变色字是什么意思。
Choose the best definitions for the following words and phrases in color.

1. 也好，终于可以松一口气，回老家，陪父亲过年喝喝酒了。
    - ☐ A. 表示同意某种选择
    - ☐ B. 表示放心
    - ☐ C. 表示幸运

2. 也好，终于可以松一口气，回老家，陪父亲过年喝喝酒了。
    - ☐ A. 呼吸新鲜空气
    - ☐ B. 吐出一口气
    - ☐ C. 不再紧张，放松心情

3. 有时这样做被母亲看到了，免不了要说上几句。
    - ☐ A. 说话
    - ☐ B. 批评
    - ☐ C. 讨论

4. 父亲便像做错事的孩子似的。
    - ☐ A. 像……一样
    - ☐ B. 那么
    - ☐ C. 这样

5. 我真正陪父亲喝酒的次数很少。尤其是出国后，这种机会就更少了。
    - ☐ A. 别的

☐ B. 更加、特别
☐ C. 可能

6. 一到家，母亲早已忙开了。

☐ A. 开始忙着干活了
☐ B. 忙着要开始了
☐ C. 忙着开门了

7. 我说："年初我就想，过年的时候一定回来陪您喝几杯。"

☐ A. 今年开始的时候
☐ B. 去年
☐ C. 今年上半年

8. 我一时不知道说什么好。

☐ A. 一个小时
☐ B. 那时候
☐ C. 当时，很短的时间

9. 行了，老头子，你们喝酒吧。

☐ A. 老头和儿子
☐ B. 夫妻年老的时候，妻子对丈夫的称呼
☐ C. 老人的儿子

三 指出下列词组或句子是什么意思。
Choose the best definitions for the following phrases and sentences.

1. 说不过母亲

☐ A. 说不去母亲那里
☐ B. 母亲说不过去
☐ C. 不能说服母亲

2. 我这不是回来了吗?

☐ A. 我没有回来

☐ B. 我已经回来了

☐ C. 我不是这一次回来

3. 那是个什么破地方，年都不过……

☐ A. 那里什么地方破了，所以不过年。

☐ B. 那是个什么地方，为什么不过年？

☐ C. 那个地方连年都不过，不是个好地方。

四 重点词语举例。
More examples for the key words.

1. 不知不觉

   课文中：每天都忙忙碌碌的，不知不觉又到了过年的时候。

   更多的：他靠在沙发上，不知不觉睡着了。

   时间过得真快，我来北京不知不觉已经三个月了。

   他慢慢地向前走，不知不觉又来到了白天来过的地方。

2. 陪

   课文中：回老家，过年陪父亲喝喝酒。

   更多的：我常常陪她去买东西。

   天太晚了，我陪你回家。

   没有人陪我去散步，我只好一个人在外面走。

3. 特地

   课文中：我特地给父亲买了两瓶洋酒。

   更多的：母亲特地为我做了我喜欢吃的菜。

   今天她搬家，我们几个特地过来帮忙。

   为写这篇文章，他特地到农村去作了调查。

4. 免不了

   课文中：有时这样做被母亲看到了，免不了要说上几句。

更多的：每天写那么多字，免不了会写错几个。

刚刚开始工作的年轻人，免不了会遇到很多困难。

如果做错了事，被老板批评是免不了的。

5. 连忙

课文中："行，行。"我连忙说。送他洋酒本来就是让他以后慢慢喝的嘛。

更多的：电话铃响了，我连忙去接电话。

踩到了别人的脚，他连忙说对不起。

外面又刮风又下雨，我连忙把窗户关上。

6. 委屈

课文中：你看你，都有白头发了，是不是在那里受委屈了？

更多的：那不是他的错，可是老板却批评他，他觉得挺委屈。

在公司里受了委屈，回家自然不高兴，所以饭也懒得做了。

虽然条件不好，但还是委屈你暂时在这儿住几天。

三、中国文化点滴

通读课文（二）《陪父亲过年》中说到"过年"。

问："眼看就是大年三十了"，作者为什么忙着要回家过年？

答：（1）因为想喝酒。☐

（2）因为很孤单。☐

（3）因为回家过年是中国人的文化传统。☐

春节是中国阴历的新年（大约在阳历一月底或二月的时候），这是中国最重要的节日，通常家人都要团聚，准备丰盛的食品，并且放鞭炮庆祝新一年的到来，这叫做"过年"。新年前一天称为"除夕"或者"大年三十"，除夕晚上的晚饭称为"年夜饭"，家里人在一起喝酒、吃年夜饭，然后放鞭炮，这是中国人的一种文化传统。所以身在外地的人，都忙着赶在大年三十前回家。第三个答案正确。

四、略读

（一）

字数：790　　第三次阅读时间：4分钟

母亲最疼的人是女儿，母亲最亲的人是父亲。

母亲住院了，父亲应母亲的要求，在没查清病因时，暂时不告诉女儿，让她安心工作。女儿在外地工作，两三天打一个电话回家，成了不变的规律。已经连着两次没听到母亲接电话的声音，女儿有点儿不高兴，一再追问，父亲支支吾吾说没事，只是出门去走走。女儿没太大疑心，反倒鼓励母亲多走走亲戚，别累坏了身体。第二天，舅舅打来电话说，母亲明天要动手术，女儿大吃一惊，马上请了十天假回家，要亲自照看母亲。

父亲去火车站接女儿下车，晚上八点钟到医院，母亲正挂着点滴。睡着的母亲本能地醒了过来，看了看女儿，就催女儿回家休息，说自己精神很好，女儿一路坐车辛苦了，现在一个女孩子走夜路不安全，吃了饭早点儿睡。但是女儿坚持要整夜照料母亲，再多了解一点儿母亲的病情。母亲看了看父亲。父亲提起行李，对女儿说，一起走吧，我也去拿点儿东西，明天早上你再来接班。父亲送女儿到家，看她吃了东西，就又回医院当看护了。

第二天，女儿在早上上班的时间到了医院，父亲已经喂过母亲饭了，正帮着母亲梳头。要做手术了，母亲很不安，预感可能去了就回不来了，唠叨着，担心着，把家里的事交代了一遍又一遍。父亲听着，劝着，后来就握住了母亲的手，给她力量。语言的力量可能不够，身体表达才是最有力的。女儿不禁抱了抱母亲，说了一句：我们在等你，你要回来。

手术很顺利。手术后母亲恢复得很好。那几天，大批的亲朋好友送的水果、营养品、炖鸡汤等等，母亲吃不了，都让女儿代吃了。

女儿每天总比前一天早一点儿到，想找机会要帮母亲擦洗一次，可每天到医院的时候，父亲总是帮着母亲收拾整齐了。母亲知道自己女儿的习性，再早也早不过七点。父亲也了解自己女儿的脾气，于是父亲每天总是六点不到就起来，然后自己吃了饭，喂母亲吃，再帮着擦洗、梳头。直到女儿的假期满了，她也没真正在夜里照顾过母亲一次，每夜都是父亲陪着母亲，好像永远不会累似的。

1. 这篇文章的内容是关于：（　　）

   This passage is about...：

   （1）医院的故事
   （2）水果的营养
   （3）女儿与父母的故事
   （4）去火车站

2. 本文主要讲的是：（　　）

   Choose the statement which best expresses the main idea of the passage：

   （1）医院里来了一个新病人
   （2）母亲住院做手术，女儿回家跟父亲一起照顾母亲
   （3）女儿在外地工作
   （4）父亲在医院里工作

3. 本文讲到以下内容：（　　）

   The passage contains the following contents：

   （1）女儿在外地工作
   （2）父亲给女儿打电话说，母亲住院了，要做手术
   （3）女儿下了火车就去医院看母亲
   （4）父亲在医院照顾母亲
   （5）母亲手术成功以后吃了很多水果

（二）

字数：520　　第三次阅读时间：2.5分钟

孙先生曾经是一个有钱人，后来他的公司破产了，财产和房子都抵押给了银行，妻子不久也病逝了，只有6岁的女儿和他相依为命。他和女儿搬到了贫

民区。那里很脏，房间内阴暗潮湿，唯一的好处是房租便宜。

梁先生是孙先生的大学同学，当知道孙先生的情况后，很为他担心。一天早上，经过多方打听，梁先生终于找到了孙先生的住处。隔很远，他便看到孙先生背着一个包，准备出门。孙先生背的是推销员常用的那种背包，他很有可能在外面推销商品。

孙先生没走出多远，便被他的女儿喊了回去。那是一个十分可爱的小女孩儿，可能是屋里光线太暗的缘故，她将一张小桌子搬到屋外做作业。孙先生走到小女孩儿身边，小女孩儿突然将爸爸的双手抓住，放在自己的嘴边轻轻地吹了一口气，嘴里还说："爸爸，佳佳的这口气会保佑您平安的！您一定要早点儿回来，佳佳在家等着您呢！"

这时，梁先生看到，孙先生满脸绽开了自信的笑容。看着孙先生轻松地挎上背包一路远去的背影，梁先生的眼睛湿润了。

他走到小女孩儿的身边问："你每天都要在爸爸的手里吹一口气吗？"小女孩儿得意地笑了："是的，妈妈说，每天在爸爸的手里吹一口气，就可以温暖爸爸一整天。"

望着小女孩儿的笑脸，梁先生突然明白了，孙先生为什么能从这么多苦难中挺过来——他靠的就是亲情的力量！

1. 这篇文章的内容是关于：（　　）

   This passage is about...：

   （1）亲情的力量
   （2）做生意的故事
   （3）一个小女孩喜欢学习
   （4）校园里的故事

2. 本文主要讲的是：（　　）

   Choose the statement which best expresses the main idea of the passage：

   （1）孙先生是一个有钱人
   （2）梁先生以前是孙先生的同学
   （3）梁先生见到了孙先生
   （4）女儿的亲情是孙先生挺过困难的力量

3. 本文讲到以下内容：(　　)

   The passage contains the following contents：

   (1) 孙先生现在很穷了，住在贫民区
   (2) 梁先生帮助了孙先生
   (3) 孙先生有一个上小学的女儿
   (4) 孙先生离开家以前，女儿在他手上吹一口气，保佑爸爸平安
   (5) 梁先生明白了为什么孙先生能够从苦难中挺过来

（三）

字数：800　　第三次阅读时间：4分钟

星期六带着妻儿回家，母亲非常高兴，一定要上街买点儿好菜招待我们，怎么劝也不行。

母亲说："你们别拦我了，你们回来，妈煮顿大餐请你们，不是受累，是欢喜呀！"

我便说："我陪您去吧！"

母亲乐呵呵地说："好！好！你去，你说买啥，妈就买啥。"

母亲年龄大了，双腿显得很不灵便，走路怎么也快不起来。她提着菜篮，挨着我边走边谈些家务事。"树老根多，人老话多"，母亲这把年纪了，自然爱唠唠叨叨，别人不愿听，儿女们不能不听，哪怕装也要装出忠实听众的样子才行。

穿过马路就是菜市场了。母亲突然停下来，把菜篮挎在臂弯里，腾出右手，向我伸来……一刹那间，我的心震颤起来。这是多么熟悉的动作呀！上小学时，我每天都要穿过一条马路才能到学校。母亲担心我的安全，总是要送我过完马路才赶去上班。横穿马路时，她向我伸出右手，把我的小手握在她掌心，牵着走过马路，然后低下身子，一遍遍地叮嘱："有车就别过马路。""过马路要和别人一起过。"

二十多年过去了，昔日的小手已长成一双男子汉的大手，昔日年轻母亲的细嫩软手，已成为一双枯干的粗手，但她牵手的动作依然如此娴熟。

而她的儿子，却对她日渐淡漠，即使一月半月回来看她，也是出于一种义务，只为了不让别人说自己不知孝顺、忘恩负义，不只缺乏诚意，更带着私心。

我没有把手递过去，而是伸出一只手从母亲臂弯里取下篮子，提在手上，另一只手则伸出来轻轻握住她的手，对她说："小时候，每逢过马路都是您牵我，今天过马路，让我牵您吧！"母亲的眼里闪过惊喜，笑容荡漾开来。

"妈，您腿脚不灵便，车多人挤，过马路千万要左右看清楚，别跟车子抢时间。家里有什么难事，不管多忙，我们都会回来的。我是您从小拉扯大的儿子呀，您还客气什么？"

母亲便背过头擦泪。牵着母亲的手过马路，心里有几许感激，几许心疼，几许爱意，还有几许感叹。我们爱幼，但我们却时常忘了像爱幼一样尊老。为人儿女者，当你紧紧握住你儿女的小手时，也别忘了，父母的老手更盼望着我们去牵啊！

1. 这篇文章的内容是关于：（　　）

    This passage is about... :

    （1）交通安全

    （2）上小学的孩子

    （3）买菜做饭

    （4）儿子与母亲的故事

2. 本文主要讲的是：（　　）

    Choose the statement which best expresses the main idea of the passage：

    （1）跟母亲一起去买菜

    （2）儿子回家看到母亲老了，觉得自己应该常回家看看母亲

    （3）小时候母亲带儿子过马路

    （4）儿子已经长大了

3. 本文讲到以下内容：（　　）

    The passage contains the following contents：

    （1）儿子带妻儿去看母亲，母亲非常高兴

    （2）母亲跟儿子一家去饭馆吃饭

(3) 跟母亲一起去买菜的路上，儿子想起了小时候母亲怎么带他过马路

(4) 这一次是儿子带母亲过马路

(5) 以后儿子每个星期都回家看母亲

五、查阅

一 根据下面的《王府井主要商店示意图》，找出下列商店，写出该商店的号码。
Write out the numbers of the following places on the blank according to the shopping map.

1. 雷蒙服装店
2. 外文书店
3. 王府井书店
4. 大明眼镜公司
5. 吉祥戏院
6. 北京饭店
7. 东安市场
8. 北京市百货大楼
9. 北京画院
10. 东方广场
11. 全聚德烤鸭店
12. 北京工艺美术大厦

（一）王府井主要商店示意图

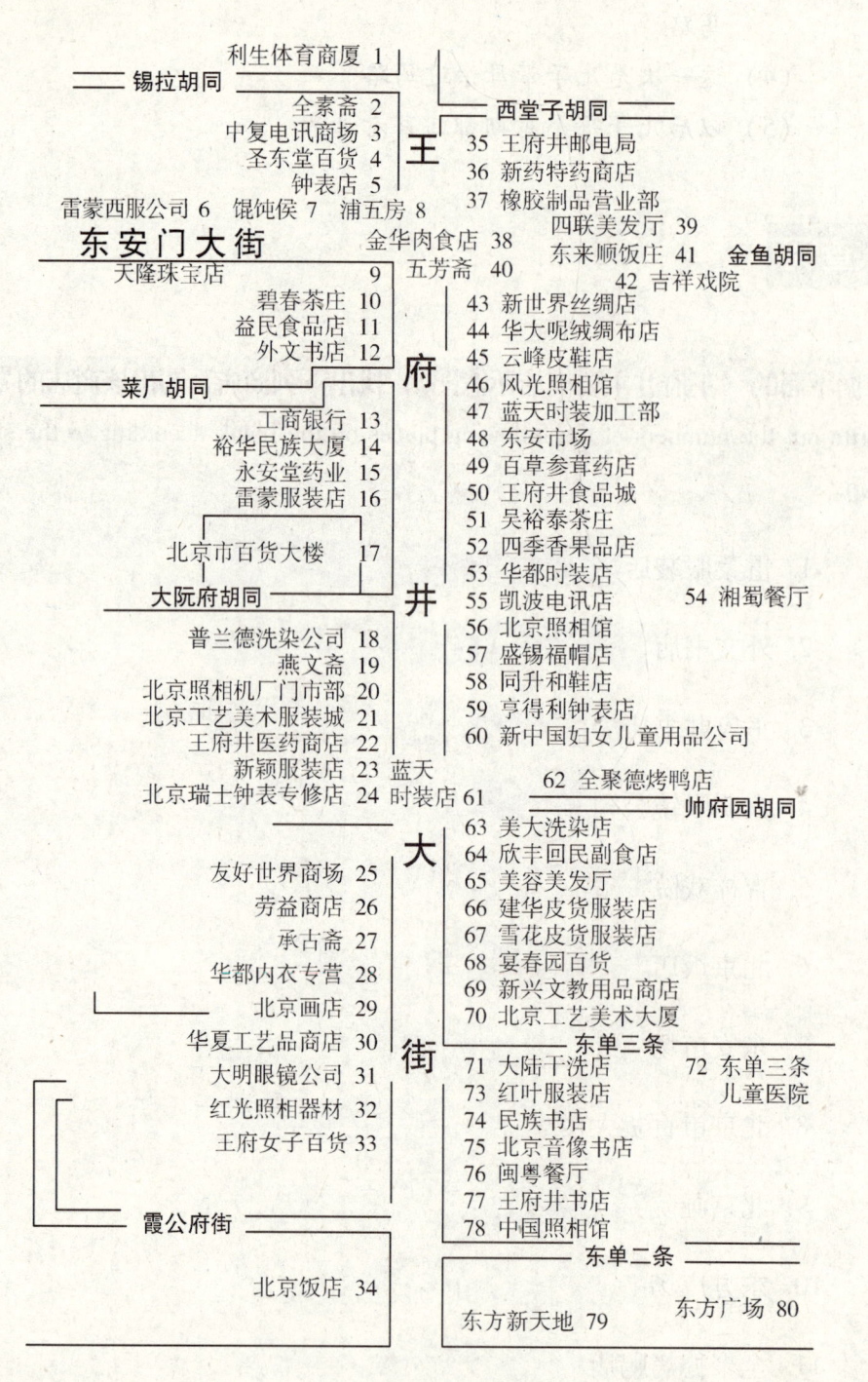

```
                    利生体育商厦 1
        ━━ 锡拉胡同 ━━
                    全素斋 2                ━━ 西堂子胡同 ━━
                    中复电讯商场 3      王  35 王府井邮电局
                    圣东堂百货 4            36 新药特药商店
                    钟表店 5                37 橡胶制品营业部
   雷蒙西服公司 6  馄饨侯 7  浦五房 8         四联美发厅 39
━━ 东安门大街 ━━           金华肉食店 38   东来顺饭庄 41  ━━ 金鱼胡同 ━━
           天隆珠宝店         9    五芳斋 40      42 吉祥戏院
                    碧春茶庄 10        43 新世界丝绸店
                    益民食品店 11       44 华大呢绒绸布店
                    外文书店 12        45 云峰皮鞋店
        ━━ 菜厂胡同 ━━              46 风光照相馆
                    工商银行 13   府   47 蓝天时装加工部
                    裕华民族大厦 14     48 东安市场
                    永安堂药业 15       49 百草参茸药店
                    雷蒙服装店 16       50 王府井食品城
                                       51 吴裕泰茶庄
          北京市百货大楼 17              52 四季香果品店
        ━━ 大阮府胡同 ━━                53 华都时装店
                                  井   55 凯波电讯店    54 湘蜀餐厅
                 普兰德洗染公司 18      56 北京照相馆
                 燕文斋 19             57 盛锡福帽店
                 北京照相机厂门市部 20   58 同升和鞋店
                 北京工艺美术服装城 21   59 亨得利钟表店
                 王府井医药商店 22      60 新中国妇女儿童用品公司
                 新颖服装店 23  蓝天        62 全聚德烤鸭店
                 北京瑞士钟表专修店 24 时装店 61 ━━ 帅府园胡同 ━━
                                       63 美大洗染店
                                       64 欣丰回民副食店
                 友好世界商场 25   大   65 美容美发厅
                 劳益商店 26           66 建华皮货服装店
                 承古斋 27             67 雪花皮货服装店
                 华都内衣专营 28        68 宴春园百货
        ━━         北京画店 29          69 新兴文教用品商店
                 华夏工艺品商店 30      70 北京工艺美术大厦
                                       ━━ 东单三条 ━━
                 大明眼镜公司 31  街  71 大陆干洗店   72 东单三条
                 红光照相器材 32       73 红叶服装店    儿童医院
                 王府女子百货 33       74 民族书店
                                       75 北京音像书店
                                       76 闽粤餐厅
                                       77 王府井书店
        ━━ 霞公府街 ━━                78 中国照相馆
                                       ━━ 东单二条 ━━
                 北京饭店 34      东方新天地 79   东方广场 80

                        ━━ 东 长 安 街 ━━
```

二 **根据下面的《街道示意图》，找出下列地方，写出该地方街道的号码。**
Write out the numbers of the following places on the blank according to the streets map.

五四大街	1
东四西大街	2
朝阳门大街	3
王府井大街	4
东四南大街	5

1. 中国妇女旅行社
2. 中国美术馆
3. 812 路公共汽车灯市口站
4. 金象大药房
5. 民航营业大厅
6. 北京外交人员服务局
7. 首都剧场
8. 史家胡同
9. 华侨大厦
10. 和平酒家
11. 101 路美术馆站
12. 考古研究院

（二）街道示意图

美术馆东街 | **东四西大街** | **朝阳门大街**

美术馆东街侧:
- 图文设计
- W.C.
- 中国美术馆
- 202、211 美术馆站

东四西大街侧:
- 民航信息大厦
- 民航营业大厅
- 农业银行
- 中国民用航空总局
- 810、812、846 美术馆北站
- 好伦哥西餐厅
- 天桥
- 耀莱一场
- 华美国际娱乐
- 呼和浩特饭店
- 联通营业厅

朝阳门大街侧:
- 朝内菜市场
- 奥士凯吉祥十二俺楼
- 大都市歌厅四所
- 永安堂药店
- 鄂尔多斯狮专卖
- 国务院新闻办公室
- 国务院发展研究中心
- 聪慧专卖、101、109
- 东四站
- 北京亲人员服务局
- 112、810、813、846朝
- 朝内头条社区
- 内务街站

五四大街 / 东四西大街 / 朝阳门大街

王府井大街 (左列):
- 百汇美术设计服务公司
- 美博美术用品商社
- 金碧辉辉煌公司
- 武装花园
- 报刊亭
- 科园招待所
- 翠花胡同
- 北京考古书店
- 考古研究院
- 王府银座购物中心
- 东厂胡同
- 宝兰轩文化账簿专卖
- 打字复印
- 中恒兴保健医疗器械
- 思思莱餐馆 时装店
- 红狮西餐厅 惠龙小吃
- 精品刀具
- 中夏电讯商场
- 王府井饭店
- 当代经典专业美术美发
- 爱立信客户服务中心
- 通万宝电信
- 兴鑫家具服务中心
- 黄图地胡同
- 松竹坊服装 W.C.
- 万成文家常菜
- 隆利商店
- 兰州牛肉拉面
- 松林坊服装 艾农外贸服装
- 食品店
- 北京方华奥体育
- 广州日报 星星小玉
- 华普建筑公司
- 803 公汽站
- 王府井世都百货
- 登子口西街
- 中国光大银行
- 瑞士明表维修
- 王府井医疗器材服务部
- 爱心康园营药店
- 明威佳服装 圣雪绒专卖
- 北京医药大楼 金象大药房
- 东来顺饭庄
- 东方之珠酒吧

报房胡同 (中列):
- 华侨大厦
- 瑞华有机玻璃经营部
- 缤纷世界美容美发
- 420、202、112、109、101、812、810、846 美术馆站
- 全美物印刷
- 科化空调北京专卖店
- 渔翁鲫北京专卖
- 新光阳片社
- 中国机械工业出版社书店
- 冶金工业协会
- 铁桶 佳盛鞋业
- 中国机冶金工业局
- 冶金机关服务会
- 国家冶金工业局
- 中华医学会
- 中国建设银行冶豫储蓄所
- 天桥
- 美国加州牛肉面
- W.C.
- 联美华写字楼
- 迪信通东四商业厅
- 迪信通电讯
- 瑞珍厚饭庄 金犀宝专卖
- 牛仔精品屋 童装专卖店
- 中日合资济南元首针织股份有限公司
- 娜娜服饰 皮肤护理及发型设计
- 星巴克咖啡 东四清真寺
- 穆林斯食品部
- 招商银行
- 美容美发 三友商场
- 812、813、116、204、106电、807、110东四站
- 乐天利 报刊亭
- 北京宜兰达卉大厦
- 摩登服饰 雅致服饰
- 上海古今胸罩北京店
- 班尼路
- 报房胡同
- 利丰时装 宝迪诺服饰店
- 丽波美容美发城
- 利华工艺品商店 东四医药商店
- 北京创围基科贸公司
- 新闻出版总署
- 中华人民共和国国家版权局
- 雪峰京山茶东四店
- 华山不锈钢厨房设备公司
- 雅芳专卖 浪莎精品
- 中国妇女旅行社
- 灯市口站
- 金湾系列灯具
- 中国电子器材华北公司销售中心
- 花花公子专卖店
- 北京市电机总厂经营部
- 孕妇装 奇妮贵妇装
- 卡威奴 中创证券

灯市口大街

- 永康口腔 亚瑟王俱乐部 清粉小吃
- 上海浦东发展银行
- 永康口腔
- 工商银行
- 北京银街酒楼 工商银行东四分理处
- 九龙会（广东家常菜）
- 柏树胡同
- 王府井旅馆（胡同内） 全国妇联招待所（胡同内）
- 燕翼楼饭馆 马兰拉面 美容店
- 好伦哥比萨自助

东四南大街 (右列):
- 知叫畅业问证楼
- 禾风相府
- 腰恩专卖九 101、112、
- 炒部的炒菇四所 420 1 东四站
- 长通咖啡馆
- 艳阳口腔门诊 专利大药房
- 中国建设银行
- 中国移动建地学专楼
- 广东发展银行
- 北京市对外经济贸易委员会
- 华夏证券股份有限公司
- 外国文学出版社 人民文学出版社
- 人民东方书销售中心 东方书出版社
- 金向导钓井

前炒面胡同
- 衣不凡服饰 西村名物
- 诗思鞋店华表商场
- 电讯营业厅 跨世体育品
- 中交公路规划设计院（胡同内）
- 《公路》杂志社 （胡同内）
- 前炒面胡同
- 利达斯专卖 通万宝电信商场
- 特制品公司
- 812、813、116、204、106电、807、110东四站
- 谷子皮装

礼士胡同
- 礼士宾馆（胡同内）
- 礼士胡同
- 和平酒家 图片社
- 爱眼眼镜店 米莲藉精品
- 剑舞翔舞厅 京嘉百货
- 宝儿利鞋店 梦翎时接行

演乐胡同
- 中国真皮鞋王总汇
- 朝矿矿院（胡同内）
- 灯草胡同
- 天元大华电器公司专营店
- 真维斯专卖店 艾衣人服饰
- 北金机电设备有限责任公司
- 承接订做各类非标电加热元件
- 紫梦美容行
- 演乐胡同
- 瑞金石油 波尔服装
- 康妮雅专卖 倔狼龙专卖
- 卡宾泓久服饰 达笑妮专卖
- 肯麦专卖
- 本司胡同 ● 寿恩固伦公主府
- 永仁堂药店 中国书店
- 比利牛仔专卖
- 110、204、812、813、807、106电、灯市口站
- （内务部街门内）北京市第二中学 北站
- 惠东育仁工学

内务部街

- 食品店 足下辉皮鞋精品
- 玲羽时装廊 爱乐琴社摸
- 史家胡同 ● 章士钊故居
- 工商银行
- 北京化学试剂公司 四联美容院
- 吴裕泰茶庄
- 蔬菜果汁专卖店

136 这样阅读 Read This Way

三 根据下面的《街道示意图》，找出下列地方，写出该地方街道的号码。
Write out the numbers of the following places on the blank according to the streets map.

白云观路　　　　1

莲花池东路　　　2

西便门内大街　　3

宣武门西大街　　4

手帕口北街　　　5

广安门滨河路　　6

1. 天宝酒家

2. 中侨总公司

3. 移动电话营业厅

4. 百福楼

5. 北京唱片厂

6. 西站旅馆

7. 毛家菜大酒楼

8. 红太阳烧烤店

9. 京中大厦

10. 白云路医院

11. 长江夜总会

12. 423 路槐柏树街站

（三）街道示意图

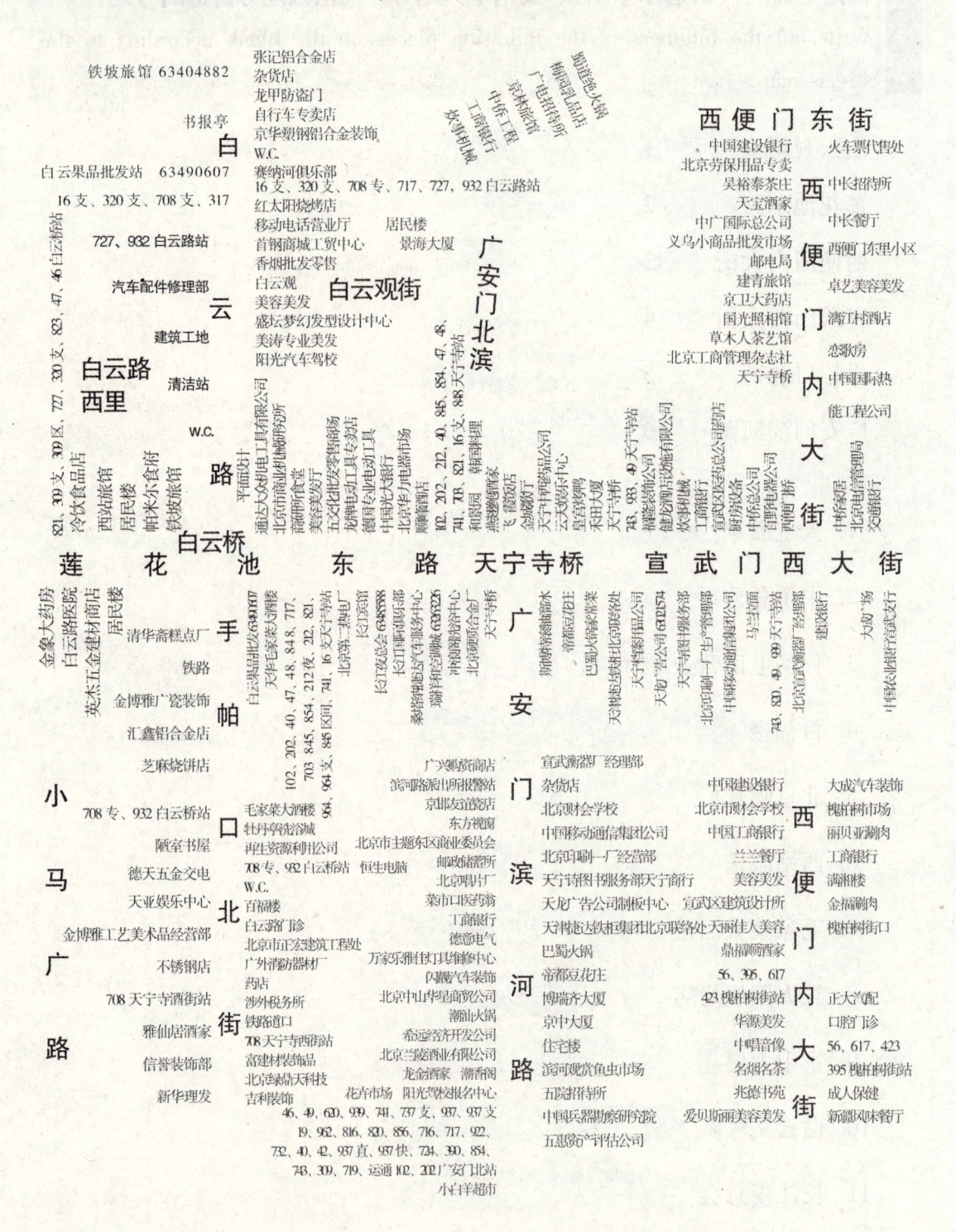

六、字词句练习

一 将下列句子划分意群。
Divide each of the following sentences into sense groups.

1. 信里爱珍嘱咐叶林和雯雯要按季节换衣服。
2. 但是接着发生了他没有想到的事。
3. 大哥的出现让我和妹妹极不舒服。
4. 父亲过一段时间吃不到就说：……
5. 送他的洋酒本来就是让他以后慢慢喝的嘛。
6. 我知道你有事也不会告诉我。

二 学习形声字。
Study pictophonetic characters.

下列句子中都有"瞪"字：

我和妹妹瞪大了眼睛，心中觉得不高兴。
我的眼睛也瞪着他，好像自己的什么珍贵东西被人抢走了。
父亲伸长脖子在满是风雪的天空下瞪着眼睛东张西望。
父亲对母亲一瞪眼，说："你还不是一样？"

这个"瞪"字是目字旁，应该跟眼睛有关，意思是：

❶ 往前看　　❷ 张大眼睛看　　❸ 闭着眼睛　　❹ 生气地看

这个字的发音是：

❶ dēng　　❷ déng　　❸ děng　　❹ dèng

答案：这个字的发音是 dèng，意思是：张大眼睛看，to open one's eyes wide。

在通读课文《大哥》中，有一个"蹬"字：

第 3 单元 亲情的故事　139

我去车站送同学，看到他在蹬三轮车。

这个"蹬"字是足字旁，应该跟脚有关。这个字是什么意思？

　　❶ 张大眼睛看　　❷ 脚向下用力　　❸ 用脚踢　　❹ 用脚走

这个字的发音是：

　　❶ dēng　　❷ déng　　❸ děng　　❹ dèng

答案：这个字的发音是 dēng，意思是：脚向下用力，to press down with the foot, to pedal。

"瞪"和"蹬"有相同的部件"登"，这应该是一个声旁，猜一猜这个声旁的发音：

　　❶ dēng　　❷ déng　　❸ děng　　❹ dèng

答案："登"的发音是 dēng，意思是：由低处向高处走，to ascend, to mount, to scale (a height)，如：登山。

猜一猜"燈"字的发音和意思。

这个字是什么意思？

　　❶ 跟火有关　　❷ 跟车有关　　❸ 跟脚有关　　❹ 跟眼睛有关

这个字的发音是：

　　❶ dēng　　❷ déng　　❸ děng　　❹ dèng

答案：这个字的发音是 dēng。"燈"是"灯"的繁体字，意思是 lamp, lantern, light。

三　**学习构词法。**
Study the word-formation.

1. 课文里有些句子中有"望"字。如：

　　　雯雯吃惊地抬起头，望着母亲问："妈妈去哪里？"
　　　父亲伸长脖子在满是风雪的天空下瞪着眼睛东张西望。

我望着父亲，鼻子一酸，轻轻地说："爸，我在这儿呢。"

这个"望"字是什么意思？

❶ 看　　❷ 向　　❸ 对　　❹ 听

答案：这里的意思是：看，to look over。

课文里，还有些带"望"字的词，这些词是什么意思？例如：

叶林紧紧地把她搂在怀里，不断地喊她的名字，等待她从绝望中清醒过来。

母亲感到自己亲生的倒指望不上了。

是他打破了我们家的平静，我不希望再看到他。

父亲年年盼望我带媳妇儿回去。

可是，我又让他失望了。

绝望　（1）完全没有希望 to despair　（2）很有希望

指望　（1）对人或事情存有希望，希望能依靠 to count on
　　　（2）用手指着看

希望　（1）要所想的事变成真的 to hope, to wish　（2）看着

盼望　（1）用眼睛看着　（2）热切地希望 to long for, to yearn for

失望　（1）不希望　（2）感到没有希望 to disappoint

说说下面这些词中的"望"是什么意思：

❶ 指望　　❷ 盼望　　❸ 失望　　❹ 希望

答案：这些词中"望"的意思是：希望，hope, wish。

2. 课文《陪父亲过年》里有些句子中有"洋"字：

我特地给父亲买了两瓶洋酒。

父亲把酒瓶上的洋文细细地看了一遍，然后走进屋里，把它们藏了起来。

我说："不过。洋人只过圣诞节。"

这个"洋"字是什么意思？

第 3 单元　亲情的故事　141

❶ 外国　　❷ 海洋　　❸ 江湖

> 答案："洋"字本来的意思是：海洋；上面三个例句中的意思是：外国，foreign country。

知道了"洋"字的这个意思，还有一些带"洋"字的词，很容易懂，猜一猜下列带"洋"字的词是什么意思，例如：

他喜欢吃白菜，也喜欢吃洋白菜。

在绿树后边有一座小洋楼。

发音和声调没学好，所以他说汉语有点儿洋腔（qiāng）洋调。

小女孩手里拿着一个洋娃娃（wáwa）。

洋白菜　　（1）卷心菜 cabbage　　（2）白菜
洋楼　　　（1）外国式样的楼房 western-style building　　（2）高楼
洋腔洋调　（1）说话的声调和发音不像中国人　　（2）外国话
洋娃娃　　（1）玩具 doll　　（2）外国人

"洋"的反义词是"土"，例如：

农村的女孩刚到城里时显得土里土气，过了两年以后慢慢地就变得洋气了。

用洋办法要花很多钱，还是用我们的土办法省钱。

四　比较"过去"和"过来"的意思。
Compare the meanings of "过去" and "过来"。

在《陪父亲过年》中，这个句子里的"过去"是什么意思？

晚上生怕自己一觉睡了过去，再也见不到你似的。

☐ 睡下以后再也不醒，死了
☐ 睡着了
☐ 走过去了

在《大哥》中，这个句子里的"过来"是什么意思？

幸亏他们细心的照顾，两位老人才平安地过来了。

☐ 走了过来

□ 病好了，活过来了
□ 回家了

五 根据下列解释，在细读课文《妈妈回来了》中找出相应的表达词语。
Find corresponding expressions in the Text for Thorough Reading "妈妈回来了" based on the following explanations.

1. 不行，但是还要坚持干（　　　）
2. 不太清楚（　　　）
3. 产生不真实的感觉（　　　）
4. 专心做一件事，不想别的（　　　）

六 根据下列解释，在通读课文《大哥》中找出相应的表达词语。
Find corresponding expressions in Text for General Reading "大哥" based on the following explanations.

1. 同一个父亲，不同的母亲（　　　）
2. 拆掉旧房子，原来的住户搬到别的地方（　　　）
3. 汽车的交通事故（　　　）

七 从通读课文《大哥》中找出下列词的反义词。
Find the antonyms of the following words in Text for General Reading "大哥".

1. 热情——
2. 爱——
3. 赚钱——

八 多义词辨析。
Polysemant discrimination.

1. 指出"犯"在下列各句中的意思。
Choose the definition of "犯" in each sentence.

犯	① 做出（不好的事）
	② 身体或者心理发生（不好的事）

(1) 我觉得他与我们全家完全不同，那好像是父亲犯下的一个错误。（　）

(2) 他的心脏病又犯了。（　）

(3) 他以前撒过谎，现在又犯老毛病了。（　）

(4) 未成年人喝酒是犯法（to break the law）的。（　）

(5) 这几天他又为买火车票的事犯愁。（　）

2. 指出"当"在下列各句中的意思。
   Choose the definition of "当" in each sentence.

当	dāng	adj.	① 相称（xiāngchèn equivalent to）
		prep.	② 表示事情发生的时间、地方（indicating the time or place of an occurence）
		v.	③ 面对着，向着（in sb.'s presence）
		v.	④ 担任（dānrèn to work as）
	dàng	v.	⑤ 作为，当做（to take for）

(1) 不同的是，她没有当过妈妈，对孩子完全没有经验。（　）

(2) 当着孩子的面，叶林会忍着。（　）

(3) 不要把我当小孩子看待。（　）

(4) 而且全找了外国人当另一半。（　）

(5) 当他知道孙先生的情况后，很为他担心。（　）

(6) 这件事是他当面对我说的。（　）

(7) 现在我当着大家的面把这件事情说一说。（　）

(8) 当我回来的时候他已经睡了。（　）

(9) 当孩子想妈妈吵得厉害时，叶林会把爱珍的信拿出来再念一遍。（　）

(10) 这两个人的能力相当。（　）

(11) 请你不要把我当客人。（　）

（12）我们心中，没有人把他当大哥，对他好的只有父亲。（　　）

3. 指出"倒"在下列各句中的意思。
   Choose the definition of "倒" in each sentence.

倒	dǎo	v.	① 由直立变为横躺（to fall）
	dào	v.	② 使后退、往后（to move backward）
		adj.	③ 上下或前后的位置相反（upside down, inverted）
		v.	④ 倾斜容器，使里面的东西出来（to pour）
		adv.	⑤ 反而，却（but）

   （1）他给我洗水果、倒茶。（　　）
   （2）母亲感到自己亲生的倒指望不上了，一个在美国，一个在英国。（　　）
   （3）自行车倒在地上了。（　　）
   （4）注意前边有汽车倒车，等他倒完了我们再过去。（　　）
   （5）雪花三三两两地飘下来，倒也不觉得很冷。（　　）
   （6）那个疲劳的旅客往床上一倒就睡着了。（　　）
   （7）从第二页倒数第一行开始。（　　）
   （8）女儿没太大疑心，反倒鼓励母亲多走走亲戚，别累坏了身体。（　　）
   （9）他没站住，往后倒退了三步。（　　）
   （10）每次在倒酒的时候先大大地喝一口。（　　）
   （11）风把树刮倒了。（　　）
   （12）把满满的一杯酒喝了下去。我赶紧为他再倒满。（　　）

九 猜一猜下列谜语，谜底是一个汉字。
Guess the following riddles. The answer of each riddle is a Chinese character.

1. 明日去（　　）
2. 鸡又跑了（　　）
3. 并无两点（　　）

七、难句理解

下列句子是什么意思？在正确解释后画"✓"，错误解释后画"×"。
What are the meanings of the following sentences? Decide if each explanation is true (✓) or false (×).

1. 除了阅读课以外，我们还有听力课和口语课。

   （1）我们只有听力课和口语课。☐
   （2）我们有阅读课、听力课、口语课。☐
   （3）我们只有阅读课。☐

2. 除了他，我们都知道这件事。

   （1）他告诉了我们这件事，所以我们都知道。☐
   （2）我们都知道他的事。☐
   （3）我们都知道这件事，只有他不知道。☐

3. 除了今天教的这些字，别的字我都不会写。

   （1）今天教的字会写，别的字不会写。☐
   （2）别的字会写，今天教的字不会写。☐
   （3）今天教的字和别的字我都不会写。☐

4. 因为没有闹钟，所以我不是起晚了，就是走早了。

   （1）我没有起晚，而是走早了。☐
   （2）我每天都不晚起，都是很早就走了。☐
   （3）我有时候起得晚了，有时候走得早了。☐

5. 不是你去，就是我去。

   （1）你去或者我去。☐
   （2）不应该你去，应该我去。☐
   （3）你总是不去，总是我去。☐

6. 不是你去，而是我去。

(1) 你去或者我去。☐
(2) 你不去，是我去。☐
(3) 你总是不去，总是我去。☐

疑问代词可以表示反问，肯定形式表示否定的意思，否定形式表示肯定的意思。

7. 这一点儿小事，谢什么！

(1) 你用什么谢我呢？☐
(2) 这一点儿小事，怎么谢！☐
(3) 这只是小事，不用谢。☐

8. 都来不及（láibují do not have enough time to do sth.）了，还吃什么饭！

(1) 已经来不及了，不要吃饭了。☐
(2) 虽然来不及了，我们吃什么饭呢？☐
(3) 大家都来不及了，快吃饭。☐

9. 听不懂还听什么！

(1) 听不懂这些，听别的试试。☐
(2) 既然听不懂，那就不要再听啦。☐
(3) 听不懂这些，还要听什么？☐

10. 我自己有手，谁要你帮忙！

(1) 我有手，请你来帮忙。☐
(2) 谁请你来帮忙的？☐
(3) 我自己的事情自己做，不要你来帮忙。☐

11. 这么难，谁听得懂！

(1) 这么难，有人能听懂吗？☐
(2) 这么难，没有人能听懂。☐
(3) 谁能听懂这么难的故事？☐

12. 谁不知道他的名字！

   （1）人人都知道他的名字。☐

   （2）没有人知道他的名字。☐

   （3）有没有人不知道他的名字？☐

13. 我亲眼看见的，怎么不知道！

   （1）我虽然看见了，可是我为什么不知道？☐

   （2）我亲眼看见的，我当然知道。☐

   （3）我没有看见，我不知道。☐

14. 你不告诉他，他怎么知道？

   （1）你不告诉他，他可能知道。☐

   （2）你不告诉他，他当然不知道。☐

   （3）虽然你不告诉他，但是他也知道。☐

15. 我哪儿说了！

   （1）我说在哪儿？☐

   （2）我说了，不过忘了在哪儿说的了。☐

   （3）我没说。☐

16. 这哪儿是我丢的书！

   （1）这不是我丢的书。☐

   （2）我是在哪儿丢的书？☐

   （3）我丢的书在哪儿？☐

17. 哪有的事？

   （1）哪儿发生了这样的事？☐

   （2）没有这样的事。☐

   （3）这件事是在哪儿发生的？☐

18. 你笑什么笑！

   （1）你笑什么？☐

   （2）你不应该笑。☐

(3) 你为什么笑？ □

19. 这叫什么名牌货（míngpáihuò goods of a famous brand）！

  (1) 这个名牌货叫什么？ □
  (2) 这是哪一种名牌货？ □
  (3) 这不是名牌货，太差了。 □

20. 她嫁谁有你什么事，你关的什么心！

  (1) 她嫁给谁跟你没有关系，不用你来关心。 □
  (2) 她嫁给谁跟你有关系，你应该关心。 □
  (3) 她嫁给谁跟你是不是有关系？你是不是应该关心？ □

21. 他怎么能没看见这些呢！

  (1) 他没有看见这些。 □
  (2) 他为什么没看见这些？ □
  (3) 他当然看见了这些。 □

※ 第4单元

姓名的故事

一、细读

中国人的姓

有一天，某县公安局里来了几个中年的村民，他们说，他们村的人都要求改变自己的姓。

警察很吃惊，每年都有一些人来要求改名字，但从来没有人要求改姓。姓是一个家族的延续，一个人姓什么，就说明他是属于哪个家族的人。姓什么，是由他的家族决定的。他爸爸姓什么，他就姓什么，不是随便可以改变的。中国人，尤其在汉族社会中，家族观念很深。过去，家族的延续被认为是每个家庭的头等大事，所以中国人十分重视自己的姓。那他们为什么要改姓？

警察们想到，要是一个人做了坏事，犯了罪，然后把姓名改了，那人们就很难找到他了。所以，警察回答说，一般说来，姓是不能随便改的，全国那么多人，如果大家都随便改变自己的姓，那就乱套啦！

这些村民说，他们改姓的原因是他们都姓"苟"，这个字念 gǒu，跟"狗"的发音一样。

你可能会想，跟"狗"的发音一样有什么关系？在中国，有很多人姓"马"，还有人姓"牛"，这些姓都是动物，人家也没有说什么呀！再说，人们不是很喜欢狗吗？

但是你可能不知道，在中国文化中，狗跟其他动物可不一样。不知道为什么，中国人很讨厌狗，常常用"狗"来骂人。比如，帮助有钱人做坏事的人，人们骂他是"狗腿子""走狗"；骂一个坏人，就说"这个狗东西"。跟西方文化相反，狗在中国很倒霉，形象很不好。既然这样，你想，谁愿意姓"狗"呢？即使字不一样，发音一样也不行。

村民们说，因为姓苟，他们的孩子在学校里常常被人欺负，在人前都抬不起头来，自尊心受到了很深的伤害。孩子们在学校里受了委屈，回家就责问爸爸：什么不能姓，为什么非要姓苟！爸爸们一方面很内疚，因为自己姓苟，使孩子无辜受到委屈；另一方面又很无奈，他姓苟是因为他的爸爸、他爸爸的爸爸……他们家世世代代都姓苟呀，他有什么办法呢？

有一天，村里的老人们在一起闲聊。有一个老人说，他曾经听他的爷爷说起，其实他们的祖先不姓苟，姓"敬"，不知道为什么改了姓。村里的年轻人一听这个，就说既然祖先原来就不姓苟，现在我们为什么不改过来姓"敬"？于是就由村长带领大家来到了公安局。

听村民们这么一说，警察们很同情。但是他们有规定，姓是不能随便改的。不能因为你不喜欢这个姓，就改变它。要不然大家随便把姓改来改去，会造成社会的混乱。

村民们强调他们是恢复祖先原来的姓，不是改姓。可是他们又没有证据可以证明他们的祖先姓"敬"。

警察很想帮他们，派了两个人去调查姓苟的人祖先是不是姓敬。如果有一些证据，就同意他们恢复姓敬。

中国的很多家族都有家谱，或者叫族谱。族谱记载着这个家族从古至今的情况。可是苟姓人家的族谱上并没有说他们的祖先姓敬。可能是这本族谱还不够古老，没有反映最早的情况。这使大家都很失望。

后来警察找到了历史学家。历史学家说，中国古代确实有改姓的情况，如果老百姓的姓跟皇帝的名字一样，为了避开皇帝的名字，就必须改姓。要是皇帝的名字里有一个"敬"字，那么姓敬的人就得改姓别的了。

后来警察终于在另一个村子一个姓苟的老人那里了解到，苟姓的祖先确实是姓敬。在五代十国的时候（公元907~960年），中国的北方是战争时期，没多久就换一个皇帝。公元936年，一个叫石敬瑭（Shí Jìngtáng）的人当了皇帝。他的名字里有一个"敬"字，他当然不许别人姓敬。所以，姓敬的人只好把"敬"字右边的"文"去掉，姓了"苟"。

你可能会问，他们怎么那么笨，难道不知道"苟"跟"狗"的发音一样吗？

原来，"狗"是现代汉语的词，古代的人把那种动物叫做"犬（quǎn）"。所以那个时候姓苟，不会使人想起那种动物，也就没什么不好。只是到了现代，口语中"狗"字代替了"犬"字，姓苟的人才倒了霉。苟姓人的祖先肯定没有想到他们的子孙会遇到这样的麻烦。

证据终于找到了。公安局为姓苟的村民们改了姓，为他们办了新的身份证，从此他们就姓敬了。村长的女儿说："今年我15岁，15岁以后我姓敬，尊敬的敬。长大了，我要当个医生，让别人都喊我敬医生。"她心里很激动，也很幸

第4单元 姓名的故事 153

福。确实，要不然她当了医生，人家叫她"苟医生"，那多不好。听起来，既骂了医生，又骂了病人。

近来，警察们接到了很多电话，都是全国各地姓苟的人打来的，感谢警察为他们找到了改姓的历史证据。

中国人的姓有一个字的，也有两个字和两个字以上的。一个字的姓叫单姓，两个字或两个字以上的姓叫复姓。汉族人的姓一般是一个字，也有两个字的复姓，但是人数很少。两个字以上的姓通常是少数民族。

中国到底有多少个姓？到现在也没有准确的统计数字。非常有名的、宋代（Sòngdài 公元960～1279年）的《百家姓》一书收集的姓有：单姓442个，复姓61个，共503个。实际上中国人的姓比这多得多。《中华姓氏大字典》收集的中国古今各民族的姓氏共有11969个。

中国人的姓虽然多，但是分布很不均匀。有的姓人口很多，有的姓人口非常少。全国最大的三个姓是李、王、张，分别占总人口的7.9%、7.4%和7.1%。三大姓的总人口达到2.7亿。另外，姓刘（Liú）、陈（Chén）、杨（Yáng）、赵（Zhào）、黄、周、吴（Wú）、徐（Xú）、孙、胡（Hú）、朱（Zhū）、高、林、何（Hé）、郭（Guō）、马的人也很多，各占全国人口的1%以上。汉民族中87%的人只用了100个姓。

有一些很奇怪的姓，人数非常少，比如数目字一、二、三、四、五、六、七、八、九、十都有人姓。天津市（Tiānjīn Shì）人口信息中心提供的数据说，天津市姓"五"的有12人、姓"六"的有6人、姓"四"的有2人，姓"第五"的有4人。这些姓一般的人连听都没有听说过。

中国人姓在前，名在后。比如水广来，水是姓，广来是名字。这跟西方名在前、姓在后的习惯正好相反。另外，在西方，女人结婚以后要改姓丈夫的姓，一家人的姓一样。但在中国，女人结婚以后仍然姓父亲的姓，所以跟丈夫的姓不一样。这很容易引起西方人的误解，以为他们不是夫妻。因此生活在西方的中国女性，结婚以后常常把丈夫的姓加在自己的姓前，如黄林美英，黄是她丈夫的姓，林是她父亲的姓，美英是她的名字。

生词

公安局	n.	gōng'ānjú	public security bureau
改变	v.	gǎibiàn	to change, to alter
家族	n.	jiāzú	clan, family
延续	v.	yánxù	to continue, to go on, to last
属于	v.	shǔyú	to belong to
观念	n.	guānniàn	sense, idea
罪	n.	zuì	crime, guilt
乱套		luàn tào	to muddle things up
讨厌	adj./v.	tǎoyàn	disagreeable, disgusting, nasty; dislike
骂人		mà rén	to abuse, to call sb. names
倒霉		dǎo méi	to have bad luck, to be out of luck
形象	n.	xíngxiàng	image, form, figure
欺负	v.	qīfu	to bully, to treat sb. high-handedly
自尊心	n.	zìzūnxīn	self-respect, self-esteem
伤害	v.	shānghài	to injure, to harm, to hurt, to wound
责问	v.	zéwèn	call sb. to account
一方面		yì fāngmiàn	on the one hand, one side
内疚	adj.	nèijiù	compunctious, guilty
无辜	adj.	wúgū	innocent
另一方面		lìng yì fāngmiàn	on the other hand
无奈	v.	wúnài	cannot help but
世世代代		shìshì dàidài	from generation to generation
闲聊	v.	xiánliáo	to chat
祖先	n.	zǔxiān	ancestry, ancestors
带领	v.	dàilǐng	to guide, to lead

同情	v.	tóngqíng	to sympathize
要不然	conj.	yàobùrán	otherwise, or else
混乱	adj.	hùnluàn	jumbled, chaotic, confused
强调	v.	qiángdiào	to stress, to emphasize
证据	n.	zhèngjù	evidence
族谱	n.	zúpǔ	pedigree of a clan, genealogical tree
记载	v./n.	jìzǎi	to put down in writing; record
反映	v.	fǎnyìng	to reflect
皇帝	n.	huángdì	emperor
避开	v.	bìkāi	to avoid
公元	n.	gōngyuán	Christian era
不许	v.	bùxǔ	disallow, forbid
去掉	v.	qùdiào	to get rid of
笨	adj.	bèn	stupid, dull, foolish
身份证	n.	shēnfènzhèng	identity card
从此	conj.	cóngcǐ	from this time onwards, hence forth
尊敬	v./adj.	zūnjìng	to respect; respectful
激动	adj.	jīdòng	excited
统计	v.	tǒngjì	to add up, to count
收集	v.	shōují	to collect, to gather
姓氏	n.	xìngshì	family name, surname
分布	v.	fēnbù	to distribute, to spread
均匀	adj.	jūnyún	even, well-distributed
信息	n.	xìnxī	information, message
提供	v.	tígōng	to provide, to supply, to offer
数目字	n.	shùmùzì	numeral, figure
误解	v./n.	wùjiě	to misunderstand; misunderstanding

一　根据课文判断下列理解是否正确，如果正确就画"✓"，如果错误就画"✗"。
Decide whether the following statements are true (✓) or false (✗) according to the text.

1. 有些人要求改变自己的姓。☐

2. 警察说改名字可以，但是姓不能随便改。☐

3. 中国人一般很重视自己的姓。☐

4. 村民们改姓的原因是因为他们不愿意姓"苟"。☐

5. 在中国文化中，"狗"跟"马""牛"一样都用来骂人。☐

6. 姓"苟"会被别人欺负。☐

7. 姓苟的孩子在学校里被人欺负，他们的爸爸很生气。☐

8. 村长听他的爷爷说过，他们的祖先不姓苟，姓敬。☐

9. 警察很同情他们，所以马上为他们改了姓。☐

10. 历史学家说，公元936年石敬瑭当了皇帝，姓敬的人就改姓苟了。☐

11. "狗"在古代叫"犬"，所以古代姓苟没有关系。☐

12. 经过调查，警察为村民们办了新身份证。☐

13. 姓苟的人因为改了姓，都很高兴。☐

14. 中国人的姓只有一个字。☐

15. 《百家姓》这本书收集了100个姓。☐

16. 有的姓人口很多，有的姓人口很少。☐

17. 全国最大的三个姓是李、王、张，人口有2.7亿。☐

18. 中国人名在前，姓在后。☐

19. 在中国，女人结婚以后，仍然姓父亲的姓。☐

二　指出下列变色字是什么意思。
Choose the best definitions for the following phrases in color.

1. 过去，家族的延续被认为是每个家庭的头等大事。

    ☐ A. 头上的事情最大
    ☐ B. 最重要的事情
    ☐ C. 领导们的大事

2. 姓苟没有什么不好。

    ☐ A. 很好
    ☐ B. 有一些不好
    ☐ C. 不知道什么不好

3. 听村民们这么一说，警察们很同情。

    ☐ A. 说了一次
    ☐ B. 一起说
    ☐ C. 说了以后

三　指出下列词组或句子是什么意思。
Choose the best definitions for the following phrases and sentences.

1. 那就乱套啦！

    ☐ A. 那就会很混乱
    ☐ B. 那就把衣服弄乱了
    ☐ C. 乱的那一套就来了

2. 在人前都抬不起头来

    ☐ A. 别人不让把头抬起来
    ☐ B. 因为很累，所以抬不起头来
    ☐ C. 在别人面前没有自信，感到自卑（to feel oneself inferior to others）

3. 什么不能姓，为什么非要姓苟！

    ☐ A. 什么都可以姓，为什么一定要姓苟？

☐ B. 因为什么都不能姓，所以只好姓苟。

☐ C. 什么不能姓？为什么不要姓苟？

四 重点词语举例。
More examples for the key words.

1. 改变

    课文中：他们村的人都要求改变自己的姓。

    更多的：经过再三考虑，他改变了自己的主意。
    三年时间过去了，这里的情况有了一些改变。
    已经决定了的计划是不可改变的。

2. 属于

    课文中：一个人姓什么，就说明他是属于哪个家族的人。

    更多的：这个地方虽然离北京比较远，但仍然属于北京市。
    他是属于那种性格内向的人。
    这些财产是属于我们大家的，不是属于他一个人的。

3. 讨厌

    课文中：不知道为什么，中国人很讨厌狗，常常用"狗"来骂人。

    更多的：他不喜欢小孩，讨厌小孩吵闹。
    那个家伙是个讨厌鬼，常常来找麻烦。
    这是一种很讨厌的病，治起来很麻烦。

4. 不许

    课文中：他的名字里有一个"敬"字，他当然不许别人姓敬。

    更多的：教室里不许吸烟。
    妈妈要他在家做作业，不许出去玩儿。
    开车的时候不许打电话。

5. 要不然

   课文中：要不然她当了医生，人家叫她"苟医生"，那多不好。

   更多的：现在该走了，要不然就来不及了。

   外面很冷，多穿一点儿衣服，要不然感冒了。

   今天我很忙，要不然你明天再来吧。

6. 收集

   课文中：《中华姓氏大字典》收集的中国古今各民族的姓氏共有 1 1969 个。

   更多的：这几天他要到图书馆收集资料。

   她收集了很多明星的照片。

   很多人喜欢收集邮票，收集邮票也叫集邮。

二、通读

（一）中国人的名字

字数：2630　　阅读时间：22 分钟

一个孩子离出生还有好几个月，年轻的父母就在商量着，反复讨论给孩子起一个什么名字。他们甚至会搬出各种各样的汉语词典，翻来覆去地看，要选一个叫起来响亮、看起来很美、意思又很好的名字。名字要跟随人的一生，马马虎虎可不行。

中国汉族人的名字一般是一个字或者两个字，一个字的叫单名，两个字的叫双名，汉族人没有三个字的名字。过去，男孩儿跟女孩儿的名字通常是不一样的。女孩儿的名字常常用鲜花、香草、云霞（yúnxiá）等美丽的事物，最常见的如"花、香、芬、芳、美、英、兰、丽、秀（xiù）、玉、华、霞、珍（zhēn）、珠、凤（fèng）"等；而男孩儿的名字应该是雄伟响亮的，比如"刚、伟（wěi）、亮、波（bō）、虎、龙、涛（tāo）、峰（fēng）、达、翔（xiáng）"等。所以看名字通常可以知道这个人是男是女。不过，现在这种差别越来越模糊了，父母们常常为女孩儿起男孩儿名，比如叫"李伟"的很可能是一个女孩儿。

过去，从中国人的名字还可以看出他们在家族中的关系。比如"李爱农、李爱新"，这两个人很可能是兄弟或者姐妹。名字中的第一个字，往往是他们的辈分。过去，每一代人的名字中都有严格的辈分规定，这种顺序由家族的祖先预先排定，然后一辈一个字，世代相传，后代不可以随便改变。例如从清朝（公元1616～1911年）开始，孔子（Kǒngzǐ Confucius）的后代要按以下顺序起名：

希言公彦承　　宏闻贞尚衍
兴毓传继广　　昭宪庆繁祥
令德垂维佑　　钦绍念显扬
建道敦安定　　懋修肇益常
裕文焕景瑞　　永锡世绪昌

第一个字是"希"，这就是说，假如父亲那一辈人名字的第一个字是"希"，叫"孔希……"，那么儿子这一辈人名字的第一个字就是"言"，都叫"孔言……"，而孙子那一辈的人就都叫"孔公……"，同辈人的名字只有第二个字不一样。这样，一看名字就可以知道他是哪一辈的人。

不过，这种观念现在也已经慢慢地淡化了。越来越多的人不再按辈分起名；而且很多人是单名，只有一个字，根本不可能有辈分。

一个人的名字往往包含着更多的信息。有的名字很高雅，可以看出父母文化水平比较高；有的名字很俗气，可以看出他的父母没有受过教育。过去农村的家庭孩子多，给孩子起名往往很随便，南方叫"阿根（Ā Gēn）""阿宝（Ā Bǎo）""小毛（Xiǎo Máo）"等，北方叫"大柱（Dà Zhù）""二牛""铁蛋（Tiědàn）"等。这样的名字要是作为小名，在家里叫叫倒无所谓，要是当做大名，会让人觉得很土气。

有一个小伙子叫刘二牛，在政府机关工作，28岁了，很想结婚成家，可是一直没有找到合适的对象。他长得并不难看，又是大学毕业，现在已经是政府机关里的处长了。自身条件很好，所以要求也高，想找一个受过高等教育的文静女孩儿。可是对象谈过不少，却总是不成功，他自己都不知道为什么。

有一天，有人给他介绍在报社工作的一个女孩儿，他高兴得不得了，就等着第二天约会。可没想到，第二天介绍人传过话来，说那个女孩儿不愿意见他了。原因很简单，一听"刘二牛"这么土气的名字，她就说"算了，算了。你给我介绍的是一个农村人吧？"结果还没有开始谈就吹了。

刘二牛觉得很委屈，他的父母是农民，没文化，给他起了这么个土气的名字。可他自己受过高等教育，是文化水平很高的人。没想到这个名字害了他，要是不改名字，恐怕这一辈子都要打光棍了。所以，刘二牛这几天正在考虑给自己改一个什么样的名字。其实像"刘二牛"这样的名字在农村很普遍，可是在城市里，尤其在文化层次高的人群中，这样的名字肯定会给他带来不愉快。

改名字虽然不像改姓那么难，但也不能太随便。有一个女孩儿，她姓毕（Bì），名字叫"若兰（Ruòlán）"，意思是"像兰花那样"。在很多人看来，这个名字很美。可是少年时期的她，受了女权主义的影响，觉得有些人看不起妇女，而她以后一定要胜过男人，所以上中学的时候她瞒着父母，把自己的名字改成了"毕胜男（Bì Shèngnán）"。"毕"跟"必"的发音一样，所以听起来是"必胜男"（一定要胜过男人）。

这个毕胜男在开始的时候没有遇到什么麻烦。中学毕业，她从南方千里迢迢考入北京，在北京上了大学，又读了研究生，毕业后在一家报社工作。她有南方女孩儿的特点，白白净净、水灵灵的，模样很讨人喜欢，而且性格也文静。按一般的情况，这样的女孩儿是很多小伙子追求的对象，想跟她谈恋爱的小伙子多得恐怕要排队。

可实际上不是。好多男生一听她的名字，就躲开了，谁都不敢跟她交朋友。你想，跟她在一起老觉得她要压倒你，好像一只拳头就要打在你的脸上，谁愿意那么倒霉呀！其实，她不是一个不讲理的人，性格也比较温和文静。再说她现在的思想跟少年时期也很不一样了，随着年龄的增长，思想越来越成熟，她不是那种要欺负男人的人。可是她的名字给她造成了很大的麻烦。

最近有一个小伙子已经跟她相处一年多了，什么都很满意，从心里很喜欢她，可最后还是要跟她分手。小伙子说："一听你的名字，我作为男人就觉得很压抑，一辈子跟你在一起真的太难受了。"

她现在很后悔当初把自己的名字改成"毕胜男"，急忙跟男朋友说，她准备把名字再改过来，恢复原来的名字"毕若兰"。要不然，她可能真的嫁不出去了。

自己的名字是让别人来叫的，可是在中国文化中，并不是什么人的名字你都可以叫，比如说，你的老板叫张大民，你绝不能当着他的面叫他张大民或者大民。

为什么？因为上级和长者（包括长辈、老师、你尊敬的年纪大的人）的名字是应该回避的，这叫"避讳"。否则会被认为不尊敬、不礼貌。老板听到你叫他的名字，会很不高兴，对你反感，那样你不是有麻烦了吗？避讳文化在中国已经很久了，有两千多年的历史。还记得吗？因为皇帝的名字中有一个"敬"字，结果姓"敬"的人都改姓了"苟"，就是因为他们必须避讳。现在，避讳文化已经逐渐淡化，老百姓不必像过去那样改姓改名，但是当面叫上级和长者的名字还是不行。在美国，孩子可以叫爸爸妈妈的名字，在中国这样是不允许的。

在古代，有地位的人不但有"名"，而且还有"字"。现在我们把"名字"放在一起说，可是在古代"名"和"字"是不一样的。"名"在出生的时候起，"字"一般到成年的时候才起。如唐朝（Tángcháo 公元618~907年）的诗人杜甫（Dù Fǔ），姓杜，名甫，字子美。"杜甫"和"杜子美"都是他。只有"甫"是讳，"子美"并不是讳。

中国的这个文化习惯好像很特别，跟世界上其他国家很不一样。名字如果不让叫，那么叫他什么？人们通常叫他们的职务，如"老板""张总""李经理""王校长""刘教授""马老师"等，对没有职务的长者可以叫"陈师傅""钱大爷"等。虽然现在避讳文化已经逐渐淡化，但避讳心理仍然存在。

生词

出生	v.	chūshēng	to be born
翻来覆去		fān lái fù qù	to toss and turn, to move from side to side
起名		qǐ míng	to give a name to a child
响亮	adj.	xiǎngliàng	loud and clear, resounding
跟随	v./n.	gēnsuí	to follow, to go after; follow
一生	n.	yìshēng	all one's life
云霞	n.	yúnxiá	rosy clouds
雄伟	adj.	xióngwěi	grand, imposing, magnificent

差别	n.	chābié	difference, disparity
辈分	n.	bèifen	seniority in a family (clan)
预先	adv.	yùxiān	in advance, beforehand
排定		pái dìng	to arrange, to put in order
世代相传		shìdài xiāng chuán	to pass on from generation to generation
淡化	v.	dànhuà	weaken (sense, idea, concept, desire, etc.)
高雅	adj.	gāoyǎ	elegant and in good taste, noble and graceful
俗气	adj.	súqi	vulgar
小名	n.	xiǎomíng	pet name
无所谓	v.	wúsuǒwèi	does not matter
土气	adj.	tǔqì	rustic, uncouth, countrified
政府机关		zhèngfǔ jīguān	government body
处长	n.	chùzhǎng	head of an office, section chief
文静	adj.	wénjìng	gentle and quiet
报社	n.	bàoshè	press, newspaper office
约会	n./v.	yuēhuì	appointment, engagement; to date
介绍人	n.	jièshàorén	matchmaker, one who introduces or recommends sb.
害	v.	hài	to do harm to, to impair, to cause trouble to
打光棍		dǎ guānggùn	to remain a bachelor
兰花	n.	lánhuā	cymbidium, orchid
女权主义		nǚquán zhǔyì	feminism
胜过		shèng guò	to excel, to be better than
千里迢迢		qiān lǐ tiáotiáo	over a great distance, from afar
水灵	adj.	shuǐling	bright and beautiful
模样	n.	múyàng	appearance, look
讨人喜欢		tǎo rén xǐhuan	likable, cute
排队		pái duì	to queue up, to line up
不敢		bù gǎn	dare not
压倒	v.	yādǎo	to overwhelm, to overpower
讲理		jiǎng lǐ	to be reasonable

温和	adj.	wēnhé	gentle, mild
压抑	v.	yāyì	to feel depressed, to hold back
难受	adj.	nánshòu	unwell, unhappy
当初	n.	dāngchū	beginning, outset
嫁	v.	jià	(of a woman) marry
上级	n.	shàngjí	higher level, higher authorities
长者	n.	zhǎngzhě	elder, senior
长辈	n.	zhǎngbèi	member of an elder generation
回避	v.	huíbì	to avoid, to dodge
避讳	v.	bìhui	to evade, to dodge
礼貌	n.	lǐmào	courtesy, politeness
当面	adv.	dāngmiàn	to sb.'s face, in sb.'s presence
允许	v.	yǔnxǔ	to permit, to allow, to grant
诗人	n.	shīrén	poet
职务	n.	zhíwù	post, duty, position

一 根据课文判断下列理解是否正确，如果正确就画"✓"，如果错误就画"×"。
Decide whether the following statements are true (✓) or false (×) according to the text.

1. 现在的年轻父母很重视孩子的名字。☐

2. 中国人的名字一般是两个字。☐

3. 过去，通常可以从名字看出是男的还是女的。☐

4. 现在越来越多的父母为男孩儿起女孩儿名。☐

5. 过去同一辈的人名字的第一个字一样。☐

6. 现代人不重视名字中的辈分。☐

7. 有的人名字很高雅，有的人名字很俗气。☐

8. 要是把小名当做大名用，会让人觉得很土气。☐

9. 刘二牛受过高等教育，各方面的条件很好。☐

10. 刘二牛找不到对象是因为名字太土气。☐

11. 刘二牛这样的名字在城市里很普遍。☐

12. 毕若兰改名字是想胜过男人。☐

13. 把名字改为"毕胜男"之后她马上遇到了很多问题。☐

14. 没有人愿意跟毕胜男谈恋爱。☐

15. 她想恢复原来的名字"毕若兰"。☐

16. 中国文化不可以叫长辈和上级的名字。☐

17. 在古代，人们有一个名，还有一个字。☐

二 指出下列变色字是什么意思。

Choose the best definitions for the following words and phrases in color.

1. 马马虎虎可不行。
    - ☐ A. 可是
    - ☐ B. 可以
    - ☐ C. 强调否定

2. 名字中的第一个字，往往是他们的辈分。
    - ☐ A. 常常
    - ☐ B. 可能
    - ☐ C. 一定

3. 这样的名字要是作为小名，在家里叫叫倒无所谓。
    - ☐ A. 倒没有用
    - ☐ B. 倒没有关系
    - ☐ C. 倒不重要

4. 她就说"算了，算了。你给我介绍的是一个农村人吧?"
    - ☐ A. 表示算过了

☐ B. 表示不合算

☐ C. 表示放弃原来的打算

5. 结果还没有开始谈就吹了。

☐ A. 用力呼气

☐ B. 失败

☐ C. 吹牛

三 指出下列词组或句子是什么意思。
Choose the best definitions for the following phrases and sentences.

1. 要是不改名字，恐怕这一辈子都要打光棍了。

☐ A. 要是不改名字，恐怕这一辈子都只好单身了。

☐ B. 要是不改名字，恐怕这一辈子都要去打人了。

☐ C. 要是不改名字，恐怕这一辈子都自己做饭了。

2. 好多男生一听她的名字，就躲开了。

☐ A. 好多男生听了她的名字以后，就躲起来了。

☐ B. 好多男生听了她的名字以后，不愿意跟她交朋友。

☐ C. 好多男生一听她的名字，就不高兴。

3. 谁都不敢跟她交朋友。

☐ A. 谁不敢跟她交朋友？

☐ B. 不知道谁敢跟她交朋友。

☐ C. 没有人敢跟她交朋友。

4. 并不是什么人的名字你都可以叫。

☐ A. 有的人的名字你不可以叫。

☐ B. 不知道什么人的名字不可以叫。

☐ C. 不知道什么人的名字可以叫。

四 重点词语举例。
More examples for the key words.

1. 差别

   课文中：现在这种差别越来越模糊了。

   更多的：样子差不多，但是仔细看，还是有一些差别。
   他问："这两种情况有什么差别？"
   我觉得这两台机器一样，没有什么差别。

2. 预先

   课文中：这种顺序由家族的祖先预先排定。

   更多的：要是改变上课时间的话，应该预先通知大家。
   去找他之前，我预先给他打了一个电话。
   开会之前，我们预先做了一些准备工作。

3. 模样

   课文中：白白净净、水灵灵的，模样很讨人喜欢。

   更多的：刚才进来一个人，不过我没有看清他的模样。
   我问他那个人是什么模样。
   他的模样很像我中学的一个老师。

4. 不敢

   课文中：谁都不敢跟她交朋友。

   更多的：晚上，她不敢一个人走夜路。
   公司对员工的要求很严，所以大家都不敢迟到。
   他喜欢她，可是又不敢告诉她。

5. 当面

   课文中：比如说，你的老板叫张大民，你绝不能当着他的面叫他张大民或者大民。

   更多的：这件事是老板当面答应我们的。

明天我见到他，要当面问问他。

如果有意见应该当面说，不要在背后说。

6. 允许

课文中：在美国，孩子可以叫爸爸妈妈的名字，在中国这样是不允许的。

更多的：如果做完了作业，妈妈允许他玩儿一会儿。

有票的人自己可以参加，还允许带一个人。

必须做得十分仔细，不允许有一点儿差错。

（二）同名同姓的烦恼

字数：2190　　阅读时间：18分钟

中国人口很多，又有那么多人姓同样的姓，所以同名同姓的现象就不可避免。再说，现在有那么多家长喜欢给孩子起单名，以为单名好听好记，因此同名同姓的人就更多了。有一年，南京某大学一年级1400多名新生中，竟有65人同名同姓。其中张洁（Zhāng Jié）、李伟（Lǐ Wěi）、王军（Wáng Jūn）各6人，吴昊（Wú Hào）4人，徐佳（Xú Jiā）、刘丹（Liú Dān）、孙杰（Sūn Jié）、陈伟（Chén Wěi）各3人，如此等等。这些本来都是男人的名字，现在很多女孩子也叫这样的名字。

不仅这个大学是这样，其他学校也都有这样的麻烦。最近一次人口普查时，有人作了一个统计，同名同姓的现象令人吃惊。全国有130 6508个刘波（Liú Bō），105 5504个李刚（Lǐ Gāng），91 0694个李海（Lǐ Hǎi），90 7476个张勇（Zhāng Yǒng），81 0936个王军（Wáng Jūn），76 5884个王勇（Wáng Yǒng），76 2666个张伟（Zhāng Wěi），71 7614个刘伟（Liú Wěi），70 4742个王伟（Wáng Wěi），69 5088个李伟（Lǐ Wěi）。

不仅单名容易重名，双名同名现象也很严重。厦门（Xiàmén）市有2275个女人叫"美丽"，北京市有4432个男人叫"建华"（Jiànhuá）。

有时，同名同姓的问题已经到了非常严重的地步。在广州越秀区（Yuèxiù

Qū），两位年轻人去登记结婚，婚姻登记处的工作人员一看，小伙子的名字叫陈曦（Chén Xī），姑娘的名字也叫陈曦。陈曦要跟陈曦结婚！在武汉（Wǔhàn）市，一个姑娘领着自己的男朋友到家里去，跟父母说他们准备结婚。父亲一问，那小伙子跟自己竟然同名同姓！他很生气地说，如果小伙子不改名字，那么女儿必须换男朋友。

　　名字本来是区别人类个体的符号，要是同名同姓，那就失去了区别意义，所以同名同姓会带来很多麻烦。南昌（Nánchāng）市有个出租汽车司机叫刘祖强（Liú Zǔqiáng），有一天回家，忽然被警察逮捕了。刘祖强不明白警察为什么要逮捕他，他是一个老老实实的人，从来不做犯法的事，开车也是规规矩矩的，没有违反过交通规则。警察说他参加了抢劫。刘祖强赶紧说冤枉，他怎么会做那样的事！

　　原来，两年前南昌发生了一起抢劫案，有两个罪犯最近被抓住了，他们说还有一个名叫"刘祖强"的年轻人也参加了抢劫。出租车司机刘祖强知道警察搞错了，赶紧要求警察把自己带到那两个家伙跟前，让他们看看自己是不是那个"刘祖强"。结果那两个家伙说："不是他。"警察才把他放了。这次虽然放了他，可是这个刘祖强很倒霉，后来三个月内又有两次被逮捕，都是因为那个坏人跟他同名同姓。

　　即使没有遇到这样的麻烦，如果老是有人跟你同名同姓，你有什么感觉？多数人肯定会觉得特别倒胃口。有一位李小姐说，如果她看到别人跟自己穿一样的衣服，那么这件衣服她肯定不会再穿了，何况别人跟你同名同姓呢！所以有的人就想改名，可是改什么名字才能不跟别人同名同姓呢？

　　于是有人想到了从字典中找很不常用的生僻字。有一个女孩儿姓金（Jīn），她父母给她起名字时，为了不与别人重名，翻字典找到一个"琍"字（这个字念"lì"，读起来跟美丽的丽一样），意思是"珍珠的光"。于是她的名字就叫"金琍"。可是从小到大，无论同学还是老师，没有一个人会念她的名字。同学们都念作"金乐"，新来的老师一看她的名字，也都张口结舌读不出来，弄得老师们很尴尬。

　　人们不会念这个字，其实一点儿也不奇怪，因为这个字现代汉语中根本不用。大学中文系毕业生的识字量一般只有5000个左右，一般人认识的字只有4000个左右，全国差不多没有一个人能认得出一万多个字。

　　这样的名字当然没有人跟她同名同姓，可是这个名字不知道给她带来了多少烦恼。

考大学时，考生的准考证是用电脑制作的，可是电脑里根本找不到"琭"字，没有办法，只好用"砾"字代替。金琭拿到准考证很担心，要是监考老师发现准考证与身份证上的名字不一样，她就不能参加考试。幸好，老师比较粗心，没有发现，让她幸运地混过去了。但并不是每一次都那么幸运，后来办社会保险卡，因为社保中心的电脑里没有这个字，很长时间她都办不了，来来回回跑了很多次，花了半年时间才办完。

要是你的名字谁都不认识，你到任何地方办事、报名、订机票，都得先教人认识这个字，教电脑写这个字，你烦不烦？

过去制作身份证可以造字，也可以用手写。但是现在的身份证根本不能这样做了。深圳（Shēnzhèn）市因为姓名中有生僻字而无法办理新身份证的市民有3000多人。

有一个年轻人给儿子取名叫王@。这个新爸爸，觉得这很新潮。不过这个名字公安局拒绝登记。民警说，起名用生僻字、怪异字、英文字母、数字等，他们有权拒绝登记，中国人的名字还应该用汉字。可是这并不是法律，中国还没有这方面的法律。不过，教育部和国家语言文字工作委员会将出台《人名用字表》，假如此表由国务院通过并且公布，就有法律效力。

其实要解决同名同姓的问题，不一定要找生僻字。首先不要起单名，另外，两个字的名字，如果避开那些常用的组合如"美丽""建华"等，重名的可能也会小得多。

假如人名用字规定为5000个，像"李""王""张"这样分别有一亿人口的超级大姓，如果人人取单名，则5000个单名就要供一亿人使用，平均下来，每一个单名都要被2 0000人共用。如果人人都取双名，就可有2500 0000个组合的双名供一亿人使用，平均下来，每一个双名只被4人共用，重名率相差5000倍！当然，我们还可以想一些别的办法，使同名同姓的人更少。

在电脑化的信息时代，通过全国联网，要控制同名同姓现象发生其实并不难，因为我们的网名就已经做到了唯一性，人名当然也可以做到。

生词

| 现象 | n. | xiànxiàng | appearance (of things), phenomenon |

不可避免		bù kě bìmiǎn	inevitable, inescapable, unavoidable
普查	v.	pǔchá	to make a general investigation (survey)
令人		lìng rén	to cause people to…, to make one…
重	v.	chóng	to repeat, to duplicate
登记	v.	dēngjì	to register, to enter one's name, to check in
婚姻	n.	hūnyīn	matrimony, marriage
区别	v./n.	qūbié	to distinguish, to differentiate; distinction, difference
个体	n.	gètǐ	individuality
司机	n.	sījī	driver
逮捕	v.	dàibǔ	to arrest
老老实实	adj.	lǎolaoshishi	honest, in earnest
犯法		fàn fǎ	to break the law
规规矩矩	adj.	guīguijuju	to be well-behaved
违反	v.	wéifǎn	to violate (rules, regulations, etc.)
抢劫	v.	qiǎngjié	to rob, to plunder, to pillage
冤枉	adj./v.	yuānwang	wronged; to be treated unfairly, to be wronged with
抢劫案	n.	qiǎngjié'àn	robbery, case of robbery
罪犯	n.	zuìfàn	criminal, offender
家伙	n.	jiāhuo	fellow, guy
倒胃口		dǎo wèikou	to spoil one's appetite, to get fed up
何况	conj.	hékuàng	much less, let alone
生僻字	n.	shēngpìzì	uncommon character, rare word
珍珠	n.	zhēnzhū	pearl
张口结舌		zhāng kǒu jié shé	to be agape and tongue-tied
准考证	n.	zhǔnkǎozhèng	exam permit
监考	v./n.	jiānkǎo	to invigilate, to monitor examinations; invigilator
粗心	adj.	cūxīn	careless, thoughtless
混	v.	hùn	to pass for
保险	n.	bǎoxiǎn	insurance

报名		bào míng	to enroll, to enlist, to enter one's name
办理	v.	bànlǐ	to handle, to conduct, to deal with
取名		qǔ míng	to give sb. a name
新潮	adj.	xīncháo	fashionable, trendy
怪异	adj.	guàiyì	strange, unusual
有权		yǒu quán	to entitle, to have authority to
法律	n.	fǎlǜ	law
教育部	n.	jiàoyùbù	Ministry of Education
委员会	n.	wěiyuánhuì	committee
出台	v.	chūtái	to publicize, to make sth. public
表	n.	biǎo	chart, form, graph, list, table
公布	v.	gōngbù	to promulgate, to announce, to publish
效力		xiàolì	effect, efficacy
率	n.	lǜ	rate
相差	v.	xiāngchà	to differ
信息时代		xìnxī shídài	information age
联网	v.	liánwǎng	to network, to be on-line
控制	v.	kòngzhì	to control
唯一性	n.	wéiyīxìng	oneness, uniqueness

一 根据课文判断下列理解是否正确，如果正确就画"✓"，如果错误就画"✗"。
Decide whether the following statements are true (✓) or false (✗) according to the text.

1. 那么多人，免不了有人同名同姓。☐

2. 因为父母喜欢给孩子起单名，所以同名同姓的人更多了。☐

3. 学校里男孩儿重名的比女孩儿多。☐

4. 因为同名同姓的人太多，所以最近一次人口普查出了麻烦。☐

5. 双名重名现象也很严重。☐

6. 有一个女孩子的男朋友跟她父亲同名同姓。☐

7. 出租车司机刘祖强是一个老老实实的好司机。☐

8. 警察逮捕他是因为他参加了抢劫。☐

9. 司机刘祖强向警察证明了自己不是那个参加抢劫的刘祖强。☐

10. 人们喜欢同名同姓。☐

11. 有人取名想用生僻字来避免同名同姓。☐

12. 有些人的名字大家都不会念。☐

13. 用生僻字取名会遇到很多麻烦。☐

14. 因为名字中有生僻字，很可能办不了身份证。☐

15. 现在警察有权拒绝给某些名字登记。☐

16. 要避免重名，最好不要起单名。☐

17. 如果起双名就可以避免同名同姓现象。☐

18. 在电脑化的信息时代，解决同名同姓问题并不难。☐

二 指出下列变色字是什么意思。
Choose the best definitions for the following words and phrases in color.

1. 其中张洁、李伟、王军各6人，吴昊4人，徐佳、刘丹、孙杰、陈伟各3人，如此等等。

    ☐ A. 像这样
    ☐ B. 这些
    ☐ C. 很多

2. 如果老是有人跟你同名同姓，多数人肯定会觉得特别倒胃口。

    ☐ A. 觉得胃口改变了
    ☐ B. 觉得胃疼
    ☐ C. 觉得没有意思，甚至反感

3. 假如此表由国务院通过并且公布,就有法律效力。

☐ A. 一些
☐ B. 这,这个
☐ C. 那个

三 指出下列词组或句子是什么意思。
Choose the best definitions for the following phrases and sentences.

1. 从来不做犯法的事

☐ A. 来了以后没有做过犯法的事
☐ B. 以前一直没有做过犯法的事
☐ C. 不愿意做犯法的事

2. (结果那两个家伙说:"不是他。")警察才把他放了。

☐ A. 警察才让他回家了
☐ B. 警察才让他坐在一边
☐ C. 警察才把他放下

3. 让她幸运地混过去了

☐ A. 发现了,但是让她过去,很幸运
☐ B. 很幸运,没有看见她
☐ C. 很幸运,没有被发现

四 重点词语举例。
More examples for the key words.

1. 违反

课文中:开车也是规规矩矩的,没有违反过交通规则。

更多的:违反法律的事他从来不做。
如果违反公司的规定,就可能丢饭碗(to lose one's job)。
他这样做违反了合同(contract)。

2. 倒胃口

  课文中：如果老是有人跟你同名同姓，多数人肯定会觉得特别倒胃口。

  更多的：天天吃一样的菜，真叫人倒胃口。

      这些电影都没有什么意思，让人倒胃口。

      吃饭的时候还谈工作，真倒胃口。

3. 何况

  课文中：如果她看到别人跟自己穿一样的衣服，那么这件衣服她肯定不会再穿了，何况别人跟你同名同姓呢！

  更多的：三个人做都来不及，何况只有他一个人呢！

      200 块钱他都拿不出来，何况 2000 块呢！

      这地方本来就不好找，何况他是第一次来。

4. 粗心

  课文中：幸好，老师比较粗心，没有发现。

  更多的：她很粗心，东西总是随便乱放，所以常常找不到钥匙。

      他一时粗心，写错了日期。

      老板曾经提醒他要细心一些，不要总是那么粗心。

5. 混

  课文中：让她幸运地混过去了。

  更多的：他没有票，以前虽然混进去过一次，但这次查得很严，看来混不进去了。

      他不喜欢学习，不去上课，每天混日子。

      我不愿意跟那些人混在一起，所以很孤独。

6. 控制

  课文中：在电脑化的信息时代，通过全国联网，要控制同名同姓现象发生其实并不难。

  更多的：大夫提醒他应该控制体重，不要吃太多东西。

      他常常生气发脾气，有时候连自己也控制不了。

      他们工作很熟练，一个人可以控制两台机器。

三、略读

（一）

字数：450　　第三次阅读时间：2分钟

很多人有小名，小名是孩子小时候父母为孩子取的非正式的名字。等到孩子上学的时候再起学名或者大名，也就是正式的名字。在家里，家长和邻居们都叫小名；在学校里，老师和同学都叫学名。比如一个孩子小名叫"牛牛"，可他在学校叫谢长顺。长大以后，除了父母以外，别人一般就不再叫他小名，他自己也不愿意别人叫他小名了。因为小名比较随便，比较俗，听起来文化层次不够高。常见的小名有按家里孩子的顺序叫的，如"二子""三儿""小五子"等。还有把一个字重叠的，如"牛牛""龙龙""洋洋"等。在农村甚至叫"狗子""石头""二蛋"等，农村人说，名字随便一点儿，孩子好养活。

有的孩子小名跟正式的名字有一定的关系，比如有个女孩儿叫陈芸，家里人叫她芸芸。有个男孩儿叫刘建超，家里人叫他超超。把一个字重叠，人们感觉比较亲切顺口，所以现在正式的名字也常常有两个字重叠的。比如"宋丹丹""蒋苹苹""韩笑笑""杨蕾蕾"等。这样的名字在年轻时听起来很好听，不过到了老年，让人感觉仍然是小孩儿或者年轻人的名字。

1. 这篇文章的内容是关于：（　　）

   This passage is about...：

   （1）父母和孩子
   （2）家长和邻居
   （3）名字
   （4）农村

2. 本文主要讲的是：（　　）

   Choose the statement which best expresses the main idea of the passage:

(1) 关于小名
(2) 孩子上学的情况
(3) 农村的孩子怎么起名
(4) 单名好听

3. 本文讲到以下内容：（   ）

The passage contains the following contents：

(1) 很多人小时候有小名
(2) 在家里叫小名，在学校里叫大名或者学名
(3) 长大了就不再叫小名
(4) 农村人觉得"狗子""石头"这样的名字很美
(5) 两个字重叠的名字都是小名

（二）

字数：420　　第三次阅读时间：2分钟

《民法通则》第九十九条规定："公民享有姓名权，有权决定、使用，依照规定改变自己的姓名，禁止他人干涉、盗用、假冒。"这条法律没有说孩子必须姓爸爸的姓，或者姓妈妈的姓，也没有说不可以造新的姓。

所以现在出现了一些新造的姓。例如江苏苏州出了个姓"点"的小孩子。这个孩子的父亲是他父母的独生子，母亲也是她父母家的独生女。孩子出生时爷爷家和姥爷家都希望孩子能跟自己一方姓。在各方争执不下后，达成一致意见，让新生的孩子姓"点"，因为"点"字有四点，分别代表爷爷、奶奶、姥爷、姥姥四个姓；"点"字上面的"占"字即表明全家四姓谁都"占有"。这样孩子虽然没有随家里任何人的姓氏，姓了一个新造的姓，让家里人感到谁都拥有。

在另一个地方，父亲姓舒，叫舒克立，他有感于当今社会同姓名的人太多，于是他给女儿造了一个新的姓，把自己姓和名中的第一个字"舒克"用做了孩子的复姓，她的女儿叫舒克英兰。按照《民法通则》，这样的姓应该被允许。

可是有些人觉得这样下去会造成社会混乱。

1. 这篇文章的内容是关于：(　　)

   This passage is about... :

   (1) 名字
   (2) 姓
   (3) 法律
   (4) 孩子

2. 本文主要讲的是：(　　)

   Choose the statement which best expresses the main idea of the passage：

   (1) 中国的法律
   (2) 独生子女
   (3) 现在出现了一些新造的姓
   (4) 孩子与父母

3. 本文讲到以下内容：(　　)

   The passage contains the following contents：

   (1) 法律说孩子应该姓父亲的姓
   (2) 法律没有说不可以造新的姓
   (3) 有一个孩子为什么姓"点"
   (4) 按照法律，新造的姓应该得到允许

（三）

字数：510　　第三次阅读时间：2.5 分钟

　　成年人改名麻烦很多。如果原有的名字确实对其生活、工作带来不便，公安机关在接受本人书面申请和本人提供的相应证明材料之后，一般都会准予改名。一旦姓名更改，与此相关的身份信息全部要更改。比如身份证、驾驶证、银行存折、养老失业医疗等各种保险，还有人事档案、工作履历、毕业证书、资格证书等上面的名字都得改。而这些更改，公安机关是无法做到的，需要申请改名的人自己去办理。据推算，要完成这些更改，至少要花半年的时间，而且会给申请人带来不便。曾经有一位大学毕业生，一时兴起改了名字，但是大学毕业证书上还是原来的名字，他只好请公安局写了一个证明，把这张改名的证明贴在大学毕业证书上。但是在找工作的时候遇到了麻烦，这张证明让招聘单位起了疑心，以为他犯过什么错误，拒绝了他。没有办法，他只好又要求改回原来的名字。

与成年人相比，孩子改名就方便多了。由于未成年人的档案资料很少，又没有各种证件资料，改名牵涉的单位较少，因此，只要未成年人的父母或监护人向警方提出申请，警方一般都会同意改名。所以改名要趁早。父母离异的未成年人，在更改姓名时，需父母双方到场同意才可以改名。因此，警方表示，居民完全可以申请改名，但也应考虑改名带来的各种不便。

1. 这篇文章的内容是关于：（　　）

    This passage is about...：

    (1) 成年人和孩子
    (2) 身份证
    (3) 改姓
    (4) 改名

2. 本文主要讲的是：（　　）

    Choose the statement which best expresses the main idea of the passage：

    (1) 改名会遇到什么麻烦
    (2) 身份证上的名字
    (3) 改名是为了找工作
    (4) 改名的人很多

3. 本文讲到以下内容：（　　）

    The passage contains the following contents：

    (1) 成年人改名麻烦很多
    (2) 如果改名字，所有的个人信息全部要改

(3) 完成改名至少要半年时间
(4) 为成年人改名比较容易
(5) 父母离婚的孩子，母亲可以随便改孩子的名字

四、查阅

一　根据《北京市博物馆》一表，查一查去下列博物馆能坐什么车（画✓），不能坐什么车（画×）。
Find out which buses can be taken (tick) and which cannot (cross) to get to the following museums from the List of Museums in Beijing.

1. 大钟寺古钟博物馆
   (1) 331　　(2) 375　　(3) 300　　(4) 718

2. 中国戏曲博物馆
   (1) 300　　(2) 102　　(3) 23　　(4) 16

3. 北京天文馆
   (1) 107　　(2) 332　　(3) 375　　(4) 45

4. 中国现代文学馆
   (1) 300　　(2) 119　　(3) 227　　(4) 367

5. 鲁迅博物馆
   (1) 45　　(2) 44　　(3) 101　　(4) 102

6. 全国农业展览馆
   (1) 307　　(2) 300　　(3) 43　　(4) 402

7. 故宫博物院
   (1) 10　　(2) 1　　(3) 52　　(4) 120

8. 北京自然博物馆
   (1) 20　　(2) 110　　(3) 135　　(4) 105

9. 中国美术馆

(1) 107　　(2) 103　　(3) 122　　(4) 814

10. 国贸展览馆

(1) 52　　(2) 15　　(3) 9　　(4) 66

（一）北京市博物馆

名　称	地　址	乘车路线
民族文化宫	复兴门内大街49号	7、10、15、61路到民族文化宫站下车
徐悲鸿纪念馆	新街口北大街53号	22、38、47、626、726、409、709、810、826路到新街口豁口站下车
北京天文馆	西直门外大街138号	7、15、19、27、45、102、103、107、111、332、334、347、708、714、特5路到动物园站下车
中国工艺美术馆	复兴门内大街101号	地铁或1、4、10、15、52、57、802、特1路到复兴门内站下车
北京古代钱币展览馆	北三环中路德胜门	5、55、44、27、315、380、345路到德胜门站下车
中国古动物馆	西直门外大街142号	7、15、19、27、45、102、103、107、111、332、334、348、708、814、特5路到动物园站下车
北京展览馆	西直门外大街135号	7、15、19、27、107、111、708路到展览馆站下车
快雪堂书法博物馆	北海公园北岸	5、101、103、109、812、814路到北海站下车
首都体育馆	西直门外大街	114、320、332、特6路到白石桥站下车
中国钱币博物馆	成方街32号	地铁或1、10、15、52、57路到复兴门站下车，路北中国人民银行大厦内
中国地质博物馆	西四羊肉胡同15号	13、22、101、102、103、105、109、808路到西四站下车
国家图书馆分馆	文津街	14、101、103、109、814路府右街下车，文津街北侧；61路牛街南口站下车，沿南横西街到教子胡同向东
中国佛教图书文物馆	法源寺前街7号	61路牛街南口站下车，沿南横西街至教子胡同向东

(续表)

名　称	地　址	乘车路线
中国邮票博物馆	宣武门东大街2号楼	地铁或14、15、22、44、45、48路到和平门站下车路南
观复古典艺术博物馆	琉璃厂西街53号路北	14、15、16、25、45路到琉璃厂站下车
中国古代建筑博物馆	先农坛东经路21号	15路车到南纬路下车
中国戏曲博物馆	虎坊路3号	6、14、15、23、25、45、66、102路虎坊桥下车
古陶文明博物馆	南菜园西街12号	19、59、61、351、819、122路大观园站下车
中国照片档案馆	宣武门东大街	地铁或25、44、45、483、337、特4路到长椿街站下车路北
北京自然博物馆	天桥南大街126号	2、17、20、25、35、105、106、110路天桥站下车
中国科技技术馆	北三环中路	300、302、367、387、702、718、801、运通101路到中国科技馆站下车
金台艺术馆	朝阳公园内	302、710、805路到朝阳公园站下车
炎黄艺术馆	亚运村慧中路9号	108、328、358、387、380、803路到炎黄艺术馆站下车
全国农业展览馆	东三环北16号	43、115、117、302、300、402、405、412、特3路到农展馆站下车
中国体育博物馆	安定路3号	108、18、803、328、358、387路到奥体中心东门或小关站下车
中国紫檀博物馆	高碑店兴隆西街9号	312路到高碑店站下车
世纪剧院博物馆	亮马桥40号	413、402、710、813、403路安家楼路下车
国贸展览馆	建国门外大街1号	1、4、52、57、9、特1路到大北窑站下车
中药医史博物馆	和平街北口北三环东11号	13、62、119、300、302、367、407路到和平街北口站下车路北
北京航空航天模型博物馆	大山子环铁内	403、813路到环铁站下车
中国现代文学馆	文学馆45号	119、367、409联运路到文学馆站下车
北京卡通艺术博物馆	朝阳门内大街192号6层	101、109、112、110路朝内小街站下车

（续表）

名　称	地　址	乘车路线
圆明园展览馆	清华北路圆明园公园内	331、333、810、814、特6路到圆明园站下车
北京航空馆	学院路37号	331、375、386、392、398、706、902路到航空航天大学站下车路西
北京石刻艺术博物馆	西直门外五塔寺村24号	320、332、904、特6、716、808路到国家图书馆下车，沿长河向东行路北
大钟寺古钟博物馆	北三环西路甲31号	302、300、367、718、运通101路到大钟寺站下车，路北
北京艺术博物馆	苏州街万寿寺内	323、374、817、811路到万寿寺站下车路东
中国历史博物馆	天安门广场东侧	1、2、4、17、120、52、57、802路到天安门站下车
中国革命博物馆	同上	同上
故宫博物院	天安门北	同上
首都博物馆	国子监街13号	13、406、807路国子监站下车
中国美术馆	五四大街1号	103、104、106、108、812、814路到美术馆站下车
北京警察博物馆	东交民巷36号	41、60路到正义路南口站下车，向北进东交民巷向西
北京邮政博物馆	崇文门内大街小报房胡同7号	39、8、3、41、116、110、106、108路东单站下车，乘地铁在崇文门站下
北京蜡像馆	安定门外大街东路	乘地铁到安定门站下车向北或乘104、18、108、328路美术馆下车路东
当代美术馆	隆福寺街123号	104、108、812、814路美术馆站下车路东
中央美术学院美术馆	校尉胡同5号	103、104、803、814路百货大楼站下车路东
北京国际艺苑美术馆	王府井大街108号	103、104、108路到灯市西口下车路东
中国医史博物馆	北新仓胡同中医研究院	18、24、106、107路东直门内下车，路南一巷到北新仓胡同
中国友谊博物馆	天安门广场东侧	2、4、10、20、57、54、116、特1、802路到天安门站下车或乘地铁天安门东站下

(续表)

名　称	地　址	乘车路线
保利艺术博物馆	东直门南大街14号保利大厦二层	地铁或44、800路到东四十条下车
鲁迅博物馆	阜成门宫门口二条19号	13、25、44、101、102、103、121路或地铁到阜成门站下车
中国人民革命军事博物馆	复兴路9号	地铁或1、4、21、57、65、320、337、802、特1路到军事博物馆站下车
赛克勒考古与艺术博物馆	北大西门校内	332、718、810、808、特6路到北大站下车进北大西门
中国画研究院展览馆	西三环北54号	300、323、374路到紫竹院站下车向南100米
民族博物馆	白石桥路27号	320、332、特6路、716、804、808到中央民族大学站下车
中国蜜蜂博物馆	香山北京植物园内	苹果园乘318路或颐和园乘333、360、904、特6、716、808路到植物园站下车路西
太平洋海底世界博览馆	西三环中路11号电视塔下	323、374、运通103路到八一湖下车，过天桥
国家图书馆	白石桥路39号	320、332、904、特6、716、808路到国家图书馆站下车路西
中国剧院	西三环路	323、374、817、811路到万寿寺站下车，或334、347、360路到三虎桥站下车
北京艺术设计博物馆	昆明湖南56号	334、360、348路到板井站下车向西路北

一 根据《北京市长途汽车路线示意图》，查出下列地名在哪儿。
Find out the following places on the map of Beijing Long Distance Buses.

如：后城　　B2

1. 永乐店　　　　　　　　　　2. 密云

3. 大村　　　　　　　　　　　4. 关上

5. 木林　　　　　　　　　　6. 北七家

7. 四海　　　　　　　　　　8. 北辛店

9. 八达岭　　　　　　　　　10. 房山

（二）北京市长途汽车路线示意图

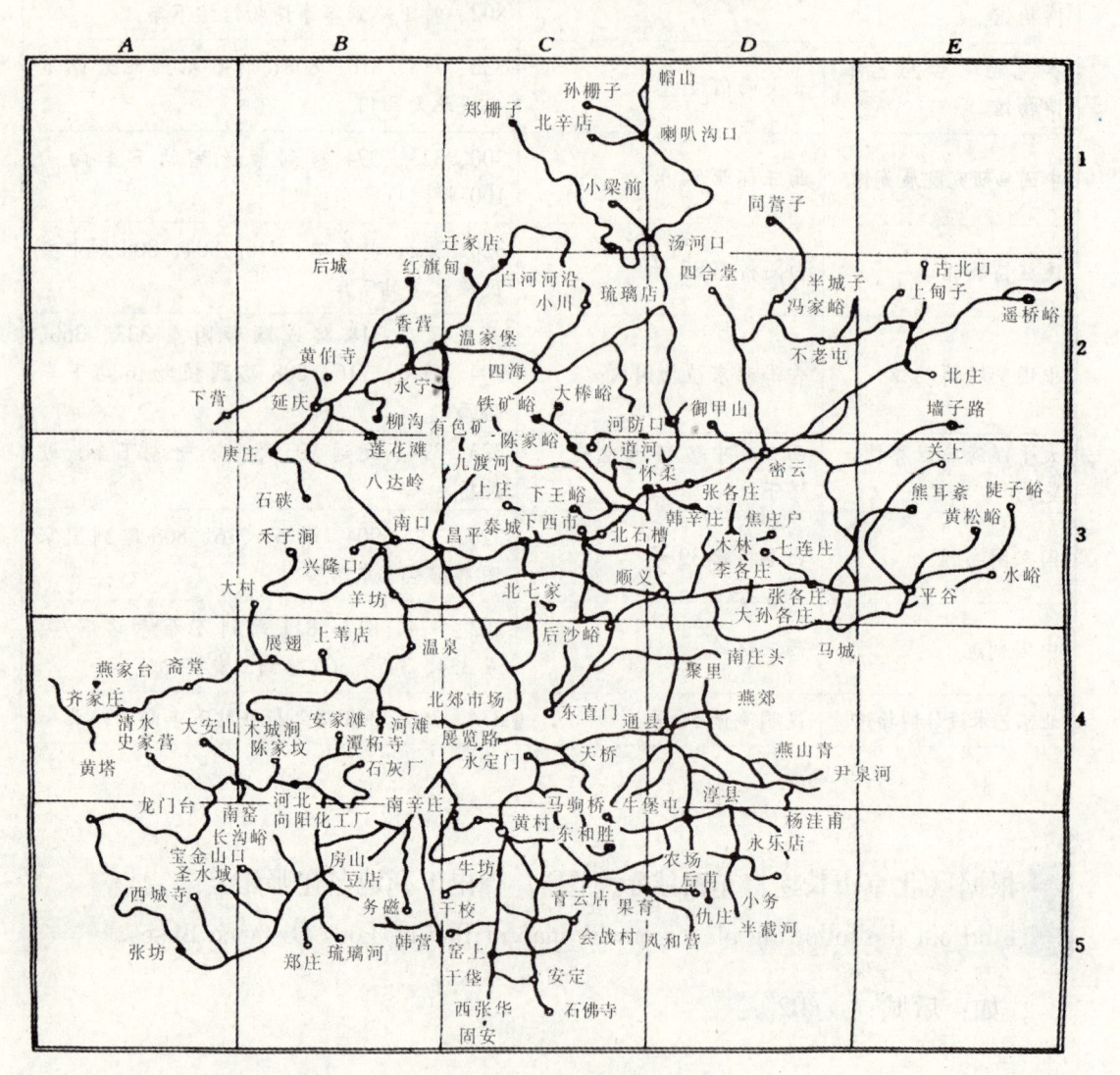

五、字词句练习

一 在每一行中，20秒内找出两个相同的汉字。
Find out two identical characters in each item in 20 seconds.

1. 怀疑　环境　坏人　茶杯　五环　归还
2. 通过　后退　进步　普遍　遇到　撤退
3. 全部　东郊　邻居　都市　邦交　相邻
4. 围墙　困难　国家　包围　公园　因为

二 将下列句子划分意群。
Divide each of the following sentences into sense groups.

1. 现在我们为什么不改过来姓"敬"？
2. 派了两个人去调查姓苟的人祖先是不是姓敬。
3. 所以看到名字通常可以知道这个人是男是女。
4. 想跟她谈恋爱的小伙子多得恐怕要排队。
5. 可是改什么名字才能不跟别人同名同姓呢？
6. 新来的老师一看她的名字也都张口结舌读不出来。

三 学习形声字。
Study pictophonetic characters.

"龄""领""零""铃""岭""玲"和"令"

下列句子中有"龄"字：

随着年龄的增长，她的思想越来越成熟。

他年轻时就吸烟，已经有二十年烟龄了。

这个"龄"字是齿字旁，是什么意思？

❶ 岁数，年头　　❷ 时间　　❸ 牙齿　　❹ 长度

这个字的发音是：

❶ līng　　❷ líng　　❸ lǐng　　❹ lìng

> 答案：这个字的发音是 líng，意思是：岁数，年头，age, years。古代的人看马的牙齿就知道马的年龄，所以年龄的"龄"是齿字旁。

· · · · · ·

课文里，下列句子中有"领"字：

于是就由村长带领大家来到了公安局。

在武汉（Wǔhàn）市一个姑娘领着自己的男朋友到家里去，跟父母说他们准备结婚。

这个"领"是页字旁，是什么意思？

❶ 拿着　　❷ 带领　　❸ 一起走　　❹ 跟着

这个字的发音是：

❶ līng　　❷ líng　　❸ lǐng　　❹ lìng

> 答案：这个字的发音是 lǐng，意思是：带领，to head, to lead。"页"字古代意思是人头，所以"领"字有"衣服的领子，collar, neckband""带领，to lead"的意思。

· · · · · ·

下列句子中有"零"字：

冬天很冷，气温只有零下十度。

路上要买汽车票，最好带一点零钱。

这个"零"字是雨字头，是什么意思？

❶ 下雨　　❷ 下雪　　❸ 没有数量，0　　❹ 很冷

这个字的发音是：

❶ līng　　❷ líng　　❸ lǐng　　❹ lìng

> 答案：这个字的发音是 líng，最初的意思是：雨、眼泪等落下。现在常用的意思是数字 0，或者不是整的，odd。

猜一猜"岭"字的意思：

第一次到北京的时候，我就去了八达岭长城。

城市的西边是起伏的山岭。

这个"岭"字是什么意思？

① 山   ② 山下   ③ 远处的山   ④ 小山

"岭"字的发音是：

① līng   ② líng   ③ lǐng   ④ lìng

> 答案："岭"字的发音是 lǐng，意思是：山，mountain，ridge。山字旁，跟山有关。

猜一猜"铃"字的意思：

门铃响了，他走过去开门。

多数同学在打上课铃以前走进了教室。

这个"铃"字是什么意思？

① 会响的金属器，bell   ② 工具   ③ 刀子   ④ 轮子

"铃"字的发音是：

① līng   ② líng   ③ lǐng   ④ lìng

> 答案："铃"字的发音是 líng，意思是：会响的金属器，bell。金字旁的字跟金属有关。

猜一猜"玲"字的意思：

她的名字叫张美玲。

这个"玲"字是王字旁，王字作为偏旁是"玉（yù jade）"的意思，现在这个字常作为女性的名字。

"玲"字的发音是：

❶ līng　　❷ líng　　❸ lǐng　　❹ lìng

答案："玲"字的发音是 líng。

. . . .

"龄""领""零""岭""铃""玲"有共同的部件"令"，这应该是一个声旁。"令"本身也是一个字，本课中有"令"字，例如：

有人做了一个统计，同名同姓的现象令人吃惊。

"令人吃惊"的意思是：

❶ 使人吃惊　　❷ 非常吃惊

"令"字的发音是：

❶ līng　　❷ líng　　❸ lǐng　　❹ lìng

答案："令"字的发音是 lìng，最基本的意思是：命令，order。"令人吃惊"中的"令"的意思是：使，to make，to cause。

. . . .

四　学习构词法。
Study the word-formation.

课文《中国人的名字》里有"预先"这个词：

过去，每一代人的名字中都有严格的辈分规定，这种顺序由家族的祖先预先排定。

以前我们学过一些有"预"字的词，例如：

要做手术了，母亲很不安，预感可能去了就回不来了。
昨天天气预报说今天有雨，今天果然下起雨来了。
老师说每天的生词都应该预习。
去北京一个星期之前，他就预订了飞机票。

指出这些词的意思：

预感　(1) 预先感觉到 to forebode, to have a premonition
　　　(2) 得感冒

预报　(1) 有报纸　(2) 预先报告 to forecast

预习　(1) 预先学习 to prepare lessons before class　(2) 以后学习

预订　(1) 买票　(2) 预先订票 to subscribe, to book, to place an order

这些词中的"预"字是什么意思：

❶ 预先　　❷ 后来　　❸ 以前　　❹ 准备

还有一些带"预"的词，没有学过，猜一猜是什么意思。例如：

他说，病人住院要预付住院费。

电影院每个月都有新电影预告。

他顺利地通过了预赛，就等着决赛了。

困难比我们预想的要大得多。

他预言，这个孩子将来一定会成为明星。

预付　(1) 预先付钱 to pay in advance　(2) 已经付钱

预告　(1) 请别人告诉
　　　(2) 预先告诉 to announce in advance, to herald

预赛　(1) 决赛以前的比赛 a preliminary contest before the final
　　　(2) 第二次比赛

预想　(1) 大家一齐想　(2) 预先想 to anticipate, to expect

预言　(1) 预先说 to prophesy, to predict　(2) 别的语言

五 根据下列解释，从课文《中国人的姓》中找出相应的表达词语。
Find out the appropriate words from the text "中国人的姓" according to the following explanations.

1. 没有错（而受到处罚）（　　　）

2. 觉得没有办法（　　　）

3. 觉得对不起别人，心里不安（　　　）

4. 不喜欢（　　　）

第4单元　姓名的故事　191

5. 因为受到不公平的对待或批评，心中难受（　　　　）

六 根据下列解释，从课文《中国人的名字》中找出相应的表达词语。
Find out the appropriate words from the text "中国人的名字" according to the following explanations.

1. 反复多次（　　　　）

2. 觉得没有关系，不在乎（　　　　）

3. 男人单身，没有结婚（　　　　）

4. 使人觉得喜欢（　　　　）

5. 从很远的地方，路途遥远（　　　　）

6. 长得很白、很干净（　　　　）

7. 不让别人知道（　　　　）

七 根据下列解释，从课文《同名同姓的烦恼》中找出相应的表达词语。
Find out the appropriate words from the text "同名同姓的烦恼" according to the following explanations.

1. 很诚实（　　　　）

2. 按规定做事（　　　　）

3. 张开嘴却说不出话来（　　　　）

4. 不对，但是没有被发现，通过了（　　　　）

八 根据构词法，将下列词分成8组。
Divide the following words into 8 groups according to the word-formation rules.

粗心	差别	准考证	准确	记载	同情
身份证	正确	耐心	性别	了解	土气

192 这样阅读 Read This Way

| 爱情 | 记录 | 误解 | 洋气 | 明确 | 驾驶证 |
| 细心 | 俗气 | 区别 | 热情 | 记得 | 理解 |

① 粗心 耐心 细心
② 土气 洋气 俗气
③ 准确 正确 明确
④ 了解 误解 理解
⑤ 记载 记录 记得
⑥ 差别 性别 区别
⑦ 同情 爱情 热情
⑧ 身份证 准考试 驾驶证

九 多义词辨析。
Polysemant discrimination.

1. 指出"重"在下列各句中的意思。
Choose the definition of "重" in each sentence.

重
zhòng
① 重量（weight）
② 重要（important）
③ 严重（deep, serious）
chóng
④ 重复（to repeat, to duplicate）

（1）机房重地，外人不可以进去。（ 2 ）
（2）这个箱子非常重。（ 1 ）
（3）不仅单名容易重名，双名重名现象也很多。（ 4 ）
（4）那一次，他得了重病。（ 3 ）
（5）这两本书买重了。（ 4 ）

(6) 他受了伤，伤得很重。(3)

(7) 他向大家说明了最近工作的重点。(2)

(8) 她的体重只有50公斤。(1)

(9) 这些生词都重复了三次。(4)

2. 指出"吹"在下列各句中的意思。

   Choose the definition of "吹" in each sentence.

   吹
   ① 嘴用力呼气（to breathe hard, to puff）
   ② 空气流动（to blow）
   ③ 说大话（to boast, to brag）
   ④ 事情失败，取消（to break off, to fall through）

   (1) 他走过去把蜡烛吹灭。(1)

   (2) 一阵风从河面上吹来。(2)

   (3) 因为性格不合，他跟女朋友吹了。(4)

   (4) 这家伙做事不行，就喜欢吹牛。(3)

   (5) 女孩儿在爸爸的手上吹了一口气。(1)

   (6) 不是我吹，这样的画儿我一天就能画两张。(3)

   (7) 由于他们没有诚意，这个买卖已经吹了。(4)

   (8) 他的自行车放在外边，经过风吹雨打，已经很旧了。(2)

   (9) 他会吹笛子（flute），而且吹得很好。(1)

3. 指出"放"在下列各句中的意思。

   Choose the definition of "放" in each sentence.

   放
   ① 使处于一定的位置（to place, to put）
   ② 使自由（to release, to set free, to let go）
   ③ 暂时停止工作或学习（to stop）
   ④ 播放（to show, to play）
   ⑤ 扩大（to expand, to enlarge）
   ⑥ 加进去（to add, to put in）

(1) 学校7月份放暑假。（ 3 ）

(2) 把书放在书架上。（ 1 ）

(3) 现在我们把"名字"放在一起说，可是在古代"名"和"字"是不一样的。（ 1 ）

(4) 结果那两个家伙说："不是他。"警察才把他放了。（ 2 ）

(5) 她做菜的时候喜欢往菜里放点儿糖。（ 6 ）

(6) 不要紧的事先放一放，先把重要的事做完。（ 3 ）

(7) 收音机里放着音乐。（ 4 ）

(8) 前边的马路放宽了很多。（ 5 ）

(9) 我喝咖啡从来不放糖。（ 6 ）

(10) 老师放的录音不太清楚。（ 4 ）

(11) 他想辞职，但是老板不想放他走。（ 2 ）

(12) 这些照片要放大一倍。（ 5 ）

十 猜一猜下列谜语，谜底是一个汉字。
Guess the following riddles. The answer of each riddle is a Chinese character.

1. 见人就变大（ 大 ）

2. 看不见上面（ 下 ）

3. 又一对（ 双 ）

六、难句理解

下列句子是什么意思？在正确解释后画"✓"错误解释后画"×"。
What are the meanings of the following sentences? Decide if each explanation is true (✓) or false (×).

反问句（rhetorical question）表示对一个明显的道理或事实加以强调，因此反问句通常不需要回答。否定形式的反问句强调肯定，肯定形式的反问句强调否定。

1. 没告诉你吗？我没时间。

  （1）没告诉你，我没时间。☐

  （2）是不是他们忘了告诉你，我没时间。☐

  （3）已经告诉你了，我没时间。☐

2. 不是已经说好了吗？明天去。

  （1）没有说好明天去。☐

  （2）你应该知道已经说好了，明天去。☐

  （3）是不是已经说好了，明天去？☐

3. 你不是早就听说了吗？

  （1）你应该早就听说了。☐

  （2）你很晚才听说。☐

  （3）你是不是早就听说了？☐

4. 这么好的条件你还不满意！

  （1）这么好的条件你应该满意。☐

  （2）对这么好的条件你表示不满意。☐

  （3）这么好的条件你满意还是不满意？☐

5. 这不是骗人（piàn rén to deceive people）是什么？

  （1）这不是骗人，不知道是什么？☐

  （2）这当然是骗人。☐

  （3）这是什么样的行为？☐

6. 不问你问谁？

  （1）当然应该问你。☐

  （2）不应该问你，可是我们不知道应该问谁。☐

  （3）问你还是问别人？☐

7. 谁说今天要下雨？

  （1）有人说今天要下雨。☐

  （2）说今天要下雨的人是谁？☐

(3) 今天不会下雨。☐

8. 你说这个人可恨（kěhèn hateful）不可恨！

  (1) 这个人真可恨。☐

  (2) 这个人不可恨。☐

  (3) 你认为这个人可恨吗？☐

9. 这么做丢脸（diū liǎn to lose face）不丢脸！

  (1) 这么做不丢脸。☐

  (2) 这么做太丢脸！☐

  (3) 不知道这么做是丢脸还是不丢脸。☐

10. 你们还让不让人工作了？

  (1) 你们应该让人工作。☐

  (2) 你们还工作吗？☐

  (3) 不知道你们是让人工作还是不让人工作。☐

11. 你是学习来了？还是玩儿来了？

  (1) 不知道你是来学习的，还是来玩儿的。☐

  (2) 你是来学习的，不应该玩儿。☐

  (3) 你应该学习一会儿，玩儿一会儿。☐

12. 今天开会，他怎么能不来？

  (1) 今天开会，他怎样才能不来？☐

  (2) 今天开会他可能不来。☐

  (3) 今天开会他应该来。☐

13. 要这么多钱干什么！

  (1) 不用这么多钱。☐

  (2) 要这么多钱去办什么事情？☐

  (3) 要这么多钱可以办很多事情。☐

14. 你生这么大气干什么？

  (1) 你不应该生这么大的气。☐

(2) 你为什么生这么大的气？ □

(3) 你生这么大的气去做什么？ □

15. 今天不去什么时候去？

  (1) 今天不去，以后什么时候去？ □

  (2) 应该今天去。 □

  (3) 今天不去了，以后不管什么时候都可以去。 □

16. 这有什么关系！

  (1) 这没有关系。 □

  (2) 不知道有什么关系。 □

  (3) 有一定的关系。 □

17. 这有什么？我也会。

  (1) 这不难，我也会。 □

  (2) 这没有什么关系，我也会。 □

  (3) 这里有什么东西是我也会的呢？ □

18. 我就不去！不去又怎么样？

  (1) 我不去，你认为怎么样？ □

  (2) 我不去没有关系，你对我没有办法。 □

  (3) 我如果不去，会怎么样呢？ □

19. 别人赞成（zànchéng to approve of）或者反对（fǎnduì to oppose）又怎么样？

  (1) 别人赞成或者反对怎么样？ □

  (2) 别人赞成或者反对跟我没关系，我不怕。 □

  (3) 别人怎么样赞成或者反对？ □

20. 老王真是，怎么能这样说话！

  (1) 老王是谁，怎么跟他说话？ □

  (2) 老王不应该这样说话。 □

  (3) 老王真的是这样说话吗？ □

21. 你能把我怎么样?

  (1) 你能把我的东西怎么样? ☐

  (2) 你对我没有办法。☐

  (3) 你对我怎么样? ☐